次はこうなる05

株式、ドル、金、コインで効率よく儲けよ！

「株式」「金(ゴールド)」「為替」「古銭、コイン」への私の投資とおすすめ

現役投資家　齢81歳
投資歴67年
大きくは無敗、常勝

渡邉 秀雄

■ **目次** ■

第1部　日本の立ち位置

78年前の日本、2035年の日本、関連する米国、中国

1　アメリカの対日占領地政策　*009*

・米国の占領地政策の強い意志を示す日本の拾圓札…………009
・米国の平和、パックス・アメリカーナを武力で勝ち取る………011
・米国・日本ともに牛耳る……………………………………011
・「軍国主義を排除し民主化を進める」ための「五大改革」とは
…………………………………………………………………012
・原爆の準備は2つどころではなかった……………………014
・日本は朝鮮戦争、ベトナム戦争で漁夫の利を得る…………014

2　中国の日本占領戦略　*016*

・中国共産党による経済政策は悲惨な結果に…………………016
・文化大革命では、数千万人もの人々が命を落としました………017
・人民解放軍の戦術＋紅幇・青幇の戦術＝市場改革開放政策…018
・中国での生産を誘われて行くと「熱烈歓迎」の嵐…………019
・中国人の態度が豹変………………………………………020
・莫大な資金を投じて周到に準備された侵略政策………………021

3　ほぼ確実にこのようなことが起きる　*022*

・逆ニクソンショックが起きるかもしれない…………………022
・日本を舞台とする米中新冷戦？……………………………023
・盧溝橋事件100年後（2037年）、日本が中国の自治区に？………026
・日本にとってまさかの事態が、世界では今起きている………027

4　教育を残す　*031*

・勉強（学育）以外の教育が急務……………………………031

・ミッドウェー海戦、軍事占領下の米軍関与の「闇の事件」‥‥‥032
・子弟への膨大な財産贈与は、教育の妨げになる‥‥‥‥‥‥033

5　愛する人を守るため大量の資金が必要　*034*

・世の中の仕組みのほとんどは「富の攻防」‥‥‥‥‥‥‥‥‥034
・お金儲けの扉を開く鍵は情報‥‥‥‥‥‥‥‥‥‥‥‥‥‥‥035
・投資で儲けるには彼らの戦略を先読みすること‥‥‥‥‥‥035
・投資で儲けるには、彼らの戦略を先読みすること‥‥‥‥‥037

第2部　ミッドウェー海戦から振り返る

6　少し分かってきたミッドウェー海戦　*039*

・珊瑚海海戦は、人類史初の空母海戦で引き分けに‥‥‥‥‥039
・珊瑚海海戦に対する反省がひどくて「敵の軽視」‥‥‥‥‥040
・ミッドウェー島米軍基地攻略と、米空母壊滅の2つの目標‥‥041
・戦力はほぼ互角、ミッドウェー海戦軍基地を爆撃‥‥‥‥‥042
・「あと5分、30分」は言い訳
　爆弾を外して魚雷にかえるのはもっと時間がかかる‥‥‥‥043
・爆弾を積んだまま敵空母を攻撃していたならば‥‥‥‥‥‥044
・日本の大東亜戦争‥‥‥‥‥‥‥‥‥‥‥‥‥‥‥‥‥‥‥‥046
・真珠湾奇襲攻撃に世界が驚いた‥‥‥‥‥‥‥‥‥‥‥‥‥‥047
・アメリカ大統領は、これで戦争できると微笑み
　チャーチルは、助かったと胸をなでおろしたはず‥‥‥‥‥048
・南雲司令官は、真珠湾攻撃のとき石油タンクを破壊しなかった
　‥‥‥‥‥‥‥‥‥‥‥‥‥‥‥‥‥‥‥‥‥‥‥‥‥‥‥‥049
・ミッドウェー海戦大敗には疑問がいくつも残る‥‥‥‥‥‥050
・米国、太平洋諸島のジャングルを見て回った‥‥‥‥‥‥‥051

7　米軍4日の予定が2ヶ月半ペリリュー島の戦い　*052*

・それまでとは全然違う日本軍‥‥‥‥‥‥‥‥‥‥‥‥‥‥‥052

・はっきり3つに分けることができる日本軍の戦い方 ……………053
・米兵の中に深刻なPTSD（心的外傷後ストレス障害）を
　発症する者が相次いだ …………………………………………054
・情報参謀堀栄三作成の『敵軍戦法早わかり』
　大本営戦訓特報第28号を参考にした ……………………………055
・戦車を埋め砲塔だけを出して防衛兵器に
　きわめて合理的な長期抵抗戦の準備 ……………………………056
・この戦いを指揮している日本の将軍は頭の切れるやつ …………057

8　終戦　*057*

・終戦直前から直後にかけて多くの日本人が死んだ ………………057
・日清戦争、日露戦争に勝ったときは、幕末から
　明治維新を戦い抜いたサムライが指揮を執っていた …………059

9　松本清張がそのことを
　「日本の黒い霧」で描いた　*062*

・占領軍上層部の大半が本国に戻された ……………………………062
・これまでのようにはならない息吹が感じられます ………………063
・米国の日本占領政策が途中で大転換された ………………………064
・マッカーサー、ホイットニー、ケーディスは
　さらに日本を弱体化させる占領政策を行った …………………064
・6年8ヶ月の後半の占領政策は、180度転換
　真反対の米国に役立つための日本の強化策 ……………………065
・日本占領連合国最高司令官ダグラス・マッカーサーの歩み……066
・松本清張の『日本の黒い霧』の位置 ……………………………068
・12人毒殺の帝銀事件の真相はいまも不明 …………………………069
・「日本の黒い霧」所収の12作品 ……………………………………070
・「日本の黒い霧」所収の12作品の最初の10話は事件
　最後の2話は、占領期の歴史を包括して記述する形式 ………071

10 「確実に起きる未来」
これから起きる経済の大変動　*075*

- ・米国は英国から基軸通貨の地位を奪った ················· 075
- ・『ジャパン・アズ・ナンバーワン』とおだてられる ········· 075
- ・日本国内の大バブルはプラザ合意の後遺症 ············· 076
- ・GHQの愚民化占領政策は大成功か ······················ 077
- ・朝鮮戦争、ベトナム戦争に疲弊し、金（ゴールド）が
　大量に流出 ··· 078
- ・ドルと金との交換、突然の停止米国発のニクソンショック ······· 078
- ・ブリックスが台頭、米ドル離脱を志向 ··················· 079
- ・私の「米国の250年の政治・経済の大変動」観測 ········· 082

11 米国の切り札は、逆ニクソンショックか　*083*

- ・逆ニクソンショック、米国の借金踏み倒しか ············· 083
- ・米国の唯一の逃げ道は、複合金本位制 ················· 084
- ・「米国250年の大変動」から、それは2035年ころ ········· 084

第3部　株式、ドル、金、コインへの
投資で儲けよ!

12 株式への投資で儲けよ!　*087*

- ・同じ目方の屑鉄が、日によって値段が違った ············· 087
- ・平和不動産の株価に必ず出てくる不思議な数字 ········· 088
- ・不思議な数値の正体は、黄金比、相似形 ··············· 089
- ・アメリカ大恐慌と日本バブル崩壊のチャートはほぼ同じ ····· 090
- ・本間宗久の「坂田五法の罫線分析法」は、株式投資に
　限らず、為替、金の投資にも大変参考になります ········· 092
- ・本間宗久の罫線法とチャールズ・ダウのチャート ········· 092

株式投資は数年は超強気で大丈夫

・株式投資は大勢強気で大丈夫 ……………………………………093
・金相場、NY株式相場、原油価格に引きずられるように、
　日経平均株価も大暴騰を開始しました …………………………094
・世界が大混乱期に入り、富の攻防がますます熾烈に…………095
・目先は調整局面を迎える ………………………………………098

有望銘柄をどのようにして見つけるか

・アメリカ大統領発言の累積投資で1万円が2億円ほどに ………098
・今年はいよいよアメリカ大統領選挙
　去年、おととしあたりから大騒ぎになっています ……………099
・現バイデン大統領は就任演説で原油採掘を制限した …………100
・ロシアのウクライナ侵攻に言及
　三菱重工に投資していれば約3倍 ………………………………100
・米国歴代大統領の指示を読み解く ………………………………101

13　ドルへの投資で儲けよ！
　　買うチャンスを待て！　*104*

・議事堂10円札は軍事占領国の通貨 ………………………………104
・ニクソン・ショックにより、円が自由に動けるようになった ………105
・日本がまだ固定相場制であったときに、
　円相場の研究をはじめた ………………………………………105
・優れた先人、本間宗久翁、石井久社長、髙橋亀吉博士………106
・27年周期、77年周期 ……………………………………………107
・円ドル相場の日柄、値ごろ ……………………………………110
・ドル円相場79円75銭を見送ってから16年
　ターゲットとした1971年から40年、私は待った…………………114
・ドル円相場は、360円を目指す …………………………………115
・絶対に襲ってくる眞子さま円安 …………………………………116

14 金への投資で儲けよ！
金鉱山株（NEM）が、大底に接近中　*120*

・慶長小判は、もはや美術品 ……………………………………………… 120
・「金」の甲骨文字には「貴重」という意味が含まれています。 ……… 120
・金利をはるかに上回る値動き ………………………………………… 121
・35ドルから888ドルまで約26倍の暴騰 …………………………… 122
・1980年、金が888ドルに暴騰 ……………………………………… 123
・2023年12月に2150ドルを突破　新しい相場に入った ………… 126
・逆ニクソン・ショック断行時個人の金保有禁止の危険性 ……… 127
・ルーズベルト米大統領は、
　1933年に米国民の金保有を禁じた ………………………………… 127
・金鉱山株であるニューモント株が大底値に向かってる ……… 128

15　コインへの投資で儲けよ！
財務省金貨を買う絶好のチャンス！　*131*

・日本における最初の貨幣は、
　和銅元年（708年）の和同開珎 …………………………………… 131
・東京オリンピック1000円銀貨が
　コイン収集、投資の大きなきっかけに ………………………… 131
・現在世界はコインブーム真っ最中
　日本は第4次コインブーム前夜 …………………………………… 134
・スラブコインが、コイン投資の数多くの障壁を取り除いた ……… 138
・現在のオリンピック1000円銀貨には
　1000倍の値がつくものも ………………………………………… 139
・財務省金貨は、安全で中短期の値上がりが見込める ……… 140
・財務省金貨の指標となる旧10円金貨は
　現在約100万円程に回復 ………………………………………… 141
・美品A表示の中に完全未使用クラスも ……………………… 142

第1部

日本の立ち位置

78年前の日本、2035年の日本、関連する米国、中国

　投資に常勝するには、まずは大きな流れを正確に把握すること
です。そのためには、少なくとも78年は遡り、日本の立ち位置
を、学校で教えられたことも、自分の思いも捨て、見つめ直す必
要があります。

　そうすれば、50年はもとより、60年、70年経って見えてきた
こと、明らかにされたことの多さに、驚くはずです。そののち
に、日本の戦後の歩みを、事実のみに基づいて捉え返す。そうす
れば、その後の投資で、小さな損失はあるかもしれませんが、大
きく負けることは絶対にありません。

　今回は激動時であるからこそ、大きな流れの把握に重点を置き
ます。

1　アメリカの対日占領地政策

米国軍事占領下の日本の紙幣に
米国の強い意志が

米国の占領地政策の強い意志を示す日本の拾圓札

昭和20年8月15日、日本は米英を始めとする連合軍に対して、

無条件全面降伏をしました。

　占領軍は直ちに、対日占領地政策の実行に取り掛かりました。通貨の改鋳などもその一環です。「軍国主義や軍事色の強い図案であると思われる通貨や紙幣を廃止して、平和を表す、また民主主義を主張する」図案にするということでした。

　目を引くのは、日本銀行券議事堂拾圓札です。中心に国会議事堂が描かれた左半分は「米」、右は「国」、合わせて「米国」と読めるではありませんか。

　国権の最高機関である立法府の場であり、象徴でもある国会議事堂が、「米」つまりアメリカに取り囲まれているようにも見えます。

　右の「国」には、皇室のご紋章である「菊」が描かれてはいま

日本銀行券A号10円
議事堂10円

発行　昭和21（1946）年2月25日
図案　国会議事堂に鳳凰

すが、鎖それも二重の鎖で縛られています。

　さらに永遠の繁栄を表す鳳凰が中央に描かれてはいるのですが、二重の鎖でしっかりと閉ざされた中です。

　これらは米国の占領政策の強い意志を示すものではないでしょうか。株式投資だけをしていては気付かないかもしれませんが、古銭投資をしていると、いやがうえにも気がつくことです。

　私に見えてきた、米国の強い意志を示す一端です。

☰ 米国の平和、パックス・アメリカーナを武力で勝ち取る

　米国の一ドル紙幣をご覧ください。この一ドル札にも、米国政府の米国国民に対する強い主張が描かれています。

　右側に、十三本の矢とオリーブの小枝を持った白頭鷲が描かれています。白頭鷲は、米国の国鳥です。武力をもって米国の平和、パックス・アメリカーナを勝ち取るということでしょう。

　未完成のピラミッドは、神に選ばれた米国が、世界覇権の達成途上にあるということでしょう。

☰ 米国・日本ともに牛耳る

　日米両国の紙幣の色をご覧ください。実物は全く同じ緑色で印刷されています。なぜでしょうか。

この緑色は、ユダヤ人にとって、とても神聖な色です。その神聖な緑色でお札を刷っているということは、米国・日本ともに、国際金融資本が牛耳ることを、神に誓っているということではないでしょうか。

　議事堂十円札は、じつは日本にとって大変に屈辱的な意味を持つ紙幣なのですが、なんと今日現在も使える、現行紙幣です。

三　「軍国主義を排除し民主化を進める」ための「五大改革」とは

　1945年10月11日、首相就任挨拶のため司令部を訪れた幣原喜重郎新首相に、マッカーサーは「軍国主義を排除し民主化を進める」ためということで、「五大改革」を指示しました。

五大改革指令

一　選挙権付与による日本婦人の解放……政治体の一員たることに依り、日本婦人は家庭の福祉に直接役立つが如き政府に関する新しき観念をもたらすべし。

二　労働組合の結成奨励……右は労働者を搾取と酷使より保護し、その生活水準を向上せしむるために有力なる発言を許容するが如き権威を労働組合に賦与せんが為なり。又現行行はれ居る幼年労働の弊害を矯正するに必要なる措置を講ずべきこと。

三　より自由なる教育を行ふ為の諸学校の開設……国民が事

　実に基づく知識によりその将来の進歩を形作り、政府が国
　民の主人たるよりは寧ろ公僕たるが如き制度を理解するこ
　とに依り利益を受くる為なり。
四　秘密検察及びその濫用に依り国民を不断の恐怖に曝し来
　りたるが如き諸制度の廃止。
五　所得並びに生産及商工業の諸手段の所有の普遍的分配を
　もたらすが如き方法の発達に依り、独占的産業支配が改善
　せらるるやう日本の経済機構を民主主義化すること。

　この五大改革により、財閥は解体されました。巷間言われる3
D5R3S政策です。

　その中でも最もよく知られているのは、次の3S政策です。

screen（スクリーン＝映像鑑賞）

sport（スポーツ＝プロスポーツ観戦）

sex（セックス＝性欲）

　簡単に言えば、日本人を従順なる米国の植民地の愚民にする政
策です。

　米国から与えられただけである民主主義、自由主義は、日本人
には本当の意味が理解できず、日本人自ら間違った自由主義など
を喜んで享受したのではないでしょうか。いまも日本人自ら愚民
への道を歩んでいませんか。

　日本人が昔から持っていた礼儀や道徳、道義心が著しく低下し、
もはやなくなりつつあります。さらに、そのことを分からない日
本人が多数を占めてきています。

このことは、私たち日本人にとって、とても恐ろしいことです。

原爆の準備は2つどころではなかった

多くの日本人が、アメリカ占領軍を「解放軍」と誤解し、いまもそのように思っているのではないでしょうか。

アメリカは広島、長崎で、一般の無抵抗な日本人（非戦闘員。民間人）の頭上に原爆を投下しました。攻撃命令は、Japanではなく、Japaneseだったそうです。

不法にも原爆を2つ日本人の頭上に投下しましたが、原爆の準備は2つではないことが、最近になってわかってきました。日本が早期に降伏しなければ、いくつもの原爆を投下し、日本人の絶滅さえもシュミッレーションの中に入っていたそうです。このことに関しましては、近現代史研究の林千勝氏が一次資料をあげて明らかにしておられます。

日本は朝鮮戦争、ベトナム戦争で漁夫の利を得る

北アメリカ大陸開拓当時には、最初の冬を助けてくれたインデアンを奴隷として使い、結局絶滅寸前にまで追い込みました。

イギリスやオランダなどの国策事業であった黒人奴隷貿易を利用して、数百万人以上のアフリカ黒人を買い入れました。

　米国は、そのことをさらに巧妙に進化させたに過ぎないのです。植民地の人間に嘘を教え込み、その嘘を信じさせて民族ごと愚民にし、扱いやすくしたに過ぎないのです。

　そうしたところ朝鮮戦争、続いてベトナム戦争が、日本のすぐそばで勃発したため、米国は日本を米軍の兵站基地にしました。属国のような日本の役割を、大きく根本的に変更したのです。

　日本の近くでの戦争による急激な役割の変更でしたが、日本は上層の指導者から一般庶民に至るまで愚民化していたので、すんなりとその役割に従いました。

　このとき、占領軍は数々の謀略を行い、それをプロパガンダに使って日本の世論をまとめあげました。日本の司法も占領軍の手中にあったので、謀略もプロパガンダも見事に成功しました。

　しかし、人間が考えて、意図してやったことなので、よく見れば奇妙なこと、変なこと、不思議なこと、辻褄が合わないことなどが、それらの随所にありました。

　それを敏感に感じ取った人間もいました。人気作家の松本清張さんはそのひとりであり、代表でもあります。

2 中国の日本占領戦略

中国共産党による経済政策は悲惨な結果に

1949年、天安門広場の楼上から、毛沢東中国共産党国家主席が、声高々に中華人民共和国建国宣言を行いました。

人口14億人を要する大国家中国の成立です。

社会主義国家建設を急ぐ中国共産党指導部は、建国8年後の1958年、大躍進運動政策を強行しました。

まだ国内の戦火が収まったばかりで、国土は荒れ、人々は疲れ果てていました。しかし、大躍進運動政策は断行されました。

この政策は経済統治経験の全くない、共産党の指導下で行われ、多くの政策は失敗に終わりました。

例えば、鉄鋼生産を最優先とし、農地をつぶし農民が粘土で炉を築いた原始的な土法高炉（どほうこうろ）で鉄鋼を造ろうとしたのですが、当然、粗悪な鉄しか生産できませんでした。

農民は農作業を放っておかざるをえず、鉄鋼製造作業に従事したため、農地は荒れ、大飢饉が発生して三千万人以上の餓死者を出すという、悲惨な結果に終わりました。

毛沢東をはじめ、中国共産党指導者たちは「経済」というものを、理解できていなかったのでしょう。

文化大革命では、数千万人もの人々が命を落としました

　大躍進運動政策の失敗から、中国共産党内部で権力闘争が激化することになりました。そこで、毛沢東国家主席は、権力を維持せんとして文化大革命を起こしました。

　1966年、毛沢東主席指導の下、文化大革命が起き、学生、若者たちは扇動されて紅衛兵と呼ばれ、「造反有理」の旗のもと、それまでのものの多くを破壊することになりました。

　資本主義思想を持っている疑いのある人達、知識分子と称される人々、さらにいわれなく密告された人たちを拘束し、市中を引きずり回し、自己批判を強要しました。

　そのようななかで、数千万人もの中国人が命を落としました。互いに騙しあい、奪い合って、親子でさえ密告するという生活がなんと十年間も続きました。

　教会や寺院をはじめとし多くの文化財が、紅衛兵たちによって破壊されました。

　まさに暗黒時代です。中国は、社会・経済・文化などを全て否定することにより、国家の形態、維持が立ち行かなくなってしまいました。

文化大革命（1966 ～ 1976）
10年間にわたって中国国内で起きた、
思想改革運動

人民解放軍の戦術＋紅幇・青幇の戦術＝市場改革開放政策

　1969年、毛沢東主席が死ぬや、新しい中国共産党指導部は、転換を図りました。「市場改革開放政策」へと大転換を図ったのです。

　これは、人民解放軍の戦術と、かつて上海にあった裏社会の紅幇・青幇の戦術を、上手く合致させたものです。

　古来よりの中華思想に基づき、中華人民共和国を軍事・経済ともに世界一の国家にする。そのためには、諸外国から資本、技術を取り込み、中国人に習得させる。

　そうして、経済力・工業力を蓄え、やがては軍事力・経済力において米国を抜き、さらには基軸通貨を中国通貨である元とする。

　このような壮大な国家計画を打ち立て、これを実行に移すことになったわけです。

　鄧小平は、中国国内には「能力のあるものから先に金持ちになれ」、対外的には「才能を隠して、内に力を蓄えよ」と大号令をかけました。いわゆる韜光養晦（とうこうようかい）戦略です。

　89年の天安門事件で、世界から孤立していた中国は、爪を隠して国際社会の中で存在空間を少しずつ広げていく、経済力をつけていくという外交、安全保障戦略をとったのです。

　そうして経済力をつけた暁には、殺してしまえという意味もあったと私は思います。

市場改革解放政策後の中国

中国での生産を誘われて行くと「熱烈歓迎」の嵐

　私が中国での製品の生産を誘われたのは、1978年の市場改革開放政策が実施された直後でした。

　飛行機が到着するや、最高級乗用車「紅旗」が飛行機に横づけされました。赤絨毯を踏んで、自動車に乗り込むと、数台のサイドカーが先導して、道路中央を疾走し、ノンストップでホテルに到着しました。

　玄関には数百人の子供たちが、日の丸を振って「熱烈歓迎」と叫ぶではありませんか。

　酒席では、大皿に盛られた豪華な料理が、三段、四段とうず高く積み重ねられていました。

そんななかで、共産党の幹部、土地の要人が次々と紹介され、乾杯が果てしなく続きます。

戻った部屋は、スイートルームで、絶世の美女が部屋で待っていて、私に「あなただけの通訳です」と自己紹介してくれました。

どこへ行っても熱烈歓迎で迎えられ、どの中国人も「社長さんのお陰で、私達家族は幸せに生活できています」と、手を熱く握り、涙を流さんばかりに話しました。

中国側の提示する製造価格は、日本国内での製造価格の数十分の一以下であり、日本で売れば、たちまち「ぼろ儲け」です。日本の業者たちは、一年も経たないうちに自分たちの技術を残らず教えてしまい、中国に愛人を囲い、家を買う者も出てきました。

中国人の態度が豹変

私達が持っていた技術など、すべて中国側に渡してしまい、新規の資金も底をつく頃になると、納期や約束事を中国側が違えるようになってきました。

あるとき、責任者を叱責するや、表情は一変し「ここをどこだと思っているのだ。中国から生きて帰れないぞ」と一喝。ドアの向こうからゾロゾロと出てきた若者たちは、それぞれに鉄棒を握り、私を取り囲むではありませんか。

中国人の態度が、はっきりと豹変したわけです。中国共産党の戦術は、最初から資本・技術の収得であり、解放軍の軍規の真の

意味は「中国人民の針一本も取るな」、「日本人の血は一滴残さず奪ってしまえ」だったのではないでしょうか。

それに、中国人は日本から受けた恥を、決して忘れていないようです。日本に対する国恥記念日は、満州事変の1931年9月18日。柳条湖事件や1937年の盧溝橋事件も、国恥日、国恥記念日とされ、彼らの多くは、まるで昨日のことのように感じています。

日本との戦争における被害者は二千万人を超え（もちろん嘘です）、「この恥辱を必ず返す」と思っているようです。

市場改革開放の時、飛行機やホテル、工場の前で、満面の笑顔で私達日本人を出迎え、日本人熱烈歓迎と口々に叫んでいた子供たちは、家に帰ると親から日本人は「東洋鬼子」だと教えられていたようです。

莫大な資金を投じて周到に準備された侵略政策

中国が経済力をつけるや、共産主義本来の領土的野心が首をもたげ、世界中で侵略を開始しました。

ウイグル、チベットは、実質的にはもう中国のものになっています。南シナ海のサンゴ礁を埋め立てて、中国の領土のようにしているようです。基地の造成も図っているようです。

一帯一路政策では、港湾から始まって、その国の国土さえ奪いかねない勢いです。

ほとんどの日本人は、それらのことを、よそごとのように聞き

流していますが、その日本が、これから中国の一番ひどい侵略を受けることになるのではないでしょうか。

たんなる侵略ではなく、莫大な資金を投じて周到に準備された侵略政策が、かなりのところまですでに進んでいるようです。

3　ほぼ確実にこのようなことが起きる

逆ニクソンショックが起きるかもしれない

米国は2029年から2035年前後に、逆ニクソンショックを発表し、新金本位制へと移行するのではないでしょうか。

新米ドルへの債務切り離しを行い、切り捨てを断行するのは確実だと思います。

世界中が大混乱となり、世界大恐慌へ突入するでしょう。特に日本は米国との関係が深いため、間違いなく大打撃を受けることになるでしょう。日本が持っている巨額の米国財務省証券は、紙屑同然になってしまいます。

資源が大暴騰し、食料品、ガソリンなどの売り惜しみも相まって、市場から消えてしまうかもしれません。昭和20年の太平洋戦争直後の状況の比ではない悲惨な状態になるのではないでしょうか。

政府が保証している年金などは、ほんの少ししか役に立ちません。そのころには、日本の農業人口も農地も激減しているので、事態は深刻なものになります。21世紀のこの日本で、毎日の食事

すらできなくなってしまうかもしれません。多くの人が餓死するようなことになるかもしれません。今現在は、想像さえできないでしょうが。

当然、日本国民の怒りは米国へと向かい、反米・反基地運動が激化するでしょう。

そうなってしまったとき、中国は食料に困窮している日本に、米・小麦粉などの食料を無償で提供するのではないでしょうか(そのあとがとても恐いのですが)。

多くの日本人は、敗戦直後に日本を軍事占領した米軍を、あろうことか解放軍と錯覚しましたが、今度は中国こそが日本を救ってくれる解放軍と思うかもしれません。

米国のせいで日本はこんな窮状になってしまったけれど、それを中国がを救ってくれると思ってしまうわけです。目の前の実情は、たしかにそのようになっているわけですし。

日本を舞台とする米中新冷戦?

中国は、いまがそのときとばかりに、すでに日本国内で買収した多くの日本人を使って、反米・反基地運動を扇動します。そして、反米・反基地運動を激化させます。

今日現在、すでに新聞社・テレビ局に中国の資金が、かなり入り込んでいて、中国に対して親近感を植え続けているではありませんか。小池都知事のパンダ親中外交がよい例です。

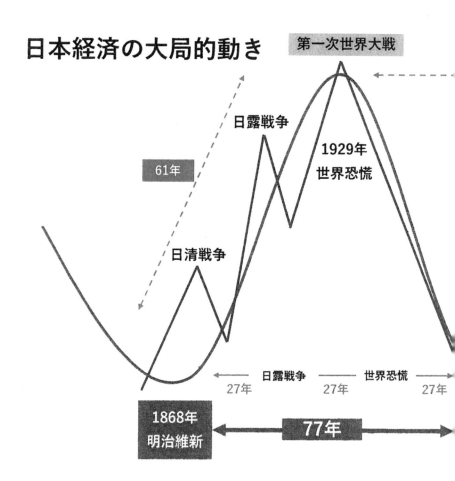

日本経済の大局的動き

第一次世界大戦

日露戦争

1929年
世界恐慌

61年

日清戦争

日露戦争　　世界恐慌
27年　　　　27年　　　　27年

1868年
明治維新

77年

中　国・・・アヘン戦争
インド・・・英国が占領
米　国・・・世界へ侵略

日本の政治・経済の波動は、大局的には77年、経済的な短期波動は27年
周期を描いています。

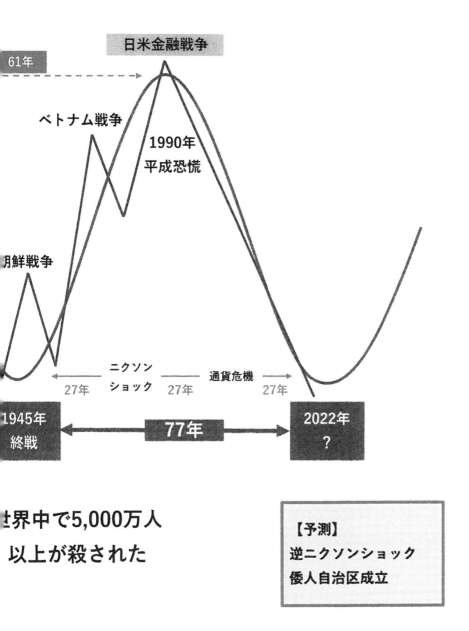

日米金融戦争

61年

ベトナム戦争

1990年
平成恐慌

朝鮮戦争

ニクソン
ショック

通貨危機

27年　　　　　27年　　　　　27年

1945年
終戦

77年

2022年
?

世界中で5,000万人
以上が殺された

【予測】
逆ニクソンショック
倭人自治区成立

中国人そのものも日本にずいぶん入り込んでいて、広大な土地や高級マンションなどを手中に収めているではありませんか。

さらに現在の日本の政治家の多くは、共産主義や社会主義を信奉してはいないものの、親中派が多いようです。

省庁を支えている官僚も、出世に結び付きやすいせいか、親中派が多いようです。もっとも彼らは、自身を親中派とは言わずに新グローバリズムとか新資本主義と自称しているようです。

東西冷戦時代の一般の常識からすると、とても分かりづらいのですが、どうもそのようです。

政治家、地方議員、知事、コメンテーターなどのなかには、すでに買収されてしまっているような人もいるようなので、それを下地に、反米思想を持った人達にガソリンをまいて火をつけると、反米気運は一挙に盛り上がり、ついには米軍が日本から撤退することになるではないでしょうか。そんな米中新冷戦があるかもしれません。

三三三 盧溝橋事件100年後（2037年）、日本が中国の自治区に？

かくて日本人は、中国・中国人民解放軍を「第二の解放軍」として、歓喜の声をあげて大歓迎をするでしょう。かくして日本は、巨大な中国経済圏に飲み込まれ、中国の自治区となってしまうわけです。

日中戦争が起こった盧溝橋事件から100年目の2037年、中華人

民共和国国家主席は、日本の中国領への編入を宣言するのではないでしょうか。

三　日本にとってまさかの事態が、世界では今起きている

　「倭人自治区」の成立は、地獄の始まりとなります。中華人民共和国政府は、「倭人自治区」に対して、次のような政策を実施するよう指令を出します。

　　土地……工事・建設・生産などのすべての土地は、もちろん政府のものとし個人所有を禁止する。

　　財産税、富裕税を施行する……個人の財産の没収を図る。

　　倭人にチップを埋め込む……各個人を国家管理のもとにおく。

　　民族浄化を行う……虐殺、強姦、強制移住などによって、特定の民族を殲滅するのが民族浄化です。これを行う危険性もありますが、倭人同士の結婚を禁止し、同化を図る可能性もあります。

　　移動の禁止……旅行なども含めて移動は許可制とする。

　　集会の禁止……三人以上の集会は基本的に禁止とする。

　　公用語は中国語とする……日本語の禁止（日本語を奪う）。

　　皇室皇族は廃止……皇族の方々は人民裁判にかけられるかもしれません。

大混乱に突入する日本　政治、経済の波動

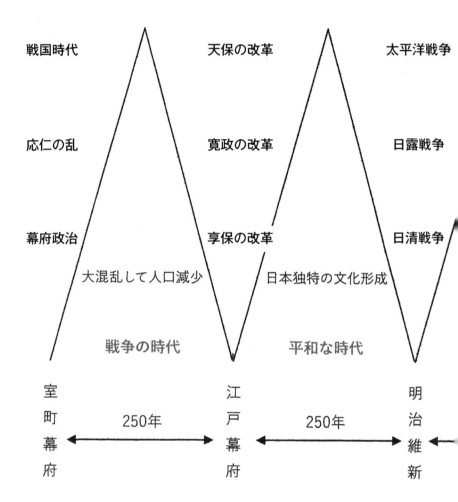

戦国時代　　　　　天保の改革　　　　　太平洋戦争

応仁の乱　　　　　寛政の改革　　　　　日露戦争

幕府政治　　　　　享保の改革　　　　　日清戦争

大混乱して人口減少　　　日本独特の文化形成

戦争の時代　　　　　　平和な時代

室町幕府　　←　250年　→　江戸幕府　←　250年　→　明治維新　←

「戦争の時代」と「平和な時代」が交互に訪れていることが分かります。次の時代は「戦争の時代」ではないでしょうか。まさに大混乱の時代となるでしょう。

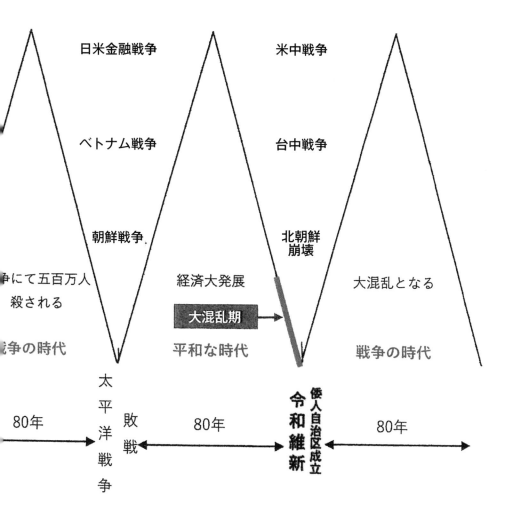

日米金融戦争

米中戦争

ベトナム戦争

台中戦争

朝鮮戦争

北朝鮮
崩壊

争にて五百万人
殺される

経済大発展

大混乱となる

大混乱期 →

争の時代

平和な時代

戦争の時代

太平洋戦争

敗戦

令和維新
倭人自治区成立

80年

80年

80年

「倭人自治区」新政府は、中国化政策の元において、全てを完遂しなければなりません。

　民族浄化は、第一の目標ともいえるものであり、おそらく必至でしょう。

　現在の、ウィグル・チベットで行われていることは、予備段階の訓練のようなものであり、「日本人・倭人」に対しては、とくに本格的に行われることになるでしょう。

　それなりの抵抗が強いので、本格的に行わなければ、中国の思うようにはならないということもあります。日本の今の「お花畑」情況では想像を絶することですが、中国は、そこまで考えているフシがあります。

　共産主義は、凍土の土地で育まれ、黄土で成長し、水と緑の土地（日本）で、花を咲かせようとしているのです。

　残された年月は、おそらく十数年です。

　一番大事なことは子弟に教育を残すことです。二番目は、日本からの脱出資金をつくることです。

4　教育を残す

勉強（学育）以外の教育が急務

　あと15年ほどのことです。米国に代わって新しい支配者が、日本に上陸してくる可能性があります。

　それは、共産中国です。

　急いで子弟に「教育」をしなくてはなりません。

　新しい支配者中国共産党政府は、米国と真逆の強権をもって、私たち日本人をその支配下に置くことでしょう。

　それは、現在のチベット、モンゴル、また香港で起きていることを見ればわかります。

　早急に日本人としての誇りを取り戻し、日本人としての精神、伝統、歴史などを「教育」しなければなりません。

　この場合の教育とは、一般的な教育のほかに、幸福な人生を過ごすための指針なども含まれます。

　徳育……日本人の誇る〝和〟の心、優しい思いやりの心。

　知育……生きていくための知恵。

　学育……外国語会話。二カ国語は必須。

　体育……健康維持のため「家庭の医学」書は暗記するほどに読み込む。

　商育……お金儲けの方法。お金の使い方。

世界には200カ国以上の国があり、3000以上の民族が住んでいます。3000以上の民族の生活習慣、考え方は、それぞれ異なっています。

言葉の通じない外地で、めったに人が行かないような山奥に連れて行かれたら、あなたはどうしますか。

あるいは雑踏の街中ではあるものの、言葉巧みにビルの一室に監禁され、ナイフを突きつけられたら、貴方はどうされますか。

一般に、ほとんどの親は〝教育〟は学育さえすれば、もうそれでよいと考えています。そのため、戦後の日本はいわゆる「学歴偏重」ということになり、それに変わるこれといった教育理念がないので、いまも「学歴偏重」が大部分を占めています。

これはいうまでもなく大きな間違いです。

ミッドウェー海戦、軍事占領下の米軍関与の「闇の事件」

戦後の学校教育では、近現代史を教えることはありません。おそらく教えてはならないとされたのと、戦後の学校の先生が教えたくなかったのと両方だと思います。

近現代史をほとんど教えないので、太平洋戦争（日本での正式な名称は大東亜戦争）となるとなおさらです。

そこで、互角の戦力であったにもかかわらず、あっというまに大敗し、太平洋の制海権、制空権を失ったミッドウェー海戦を、ざっと振り返ります。

　ミッドウェー海戦で大敗した日本は、制海権、制空権を失った太平洋の11の島々を防衛する戦いを行いました。

　そうして敗戦となり、日米戦争の2倍以上の期間、軍事占領されました。その軍事占領下に米軍が関与したと思われる大きな「闇の事件」がいくつもありました。

　ミッドウェー海戦と「闇の事件」を後述します。

子弟への膨大な財産贈与は、教育の妨げになる

　次に「人生いかに生きるべきか」について述べます。と言っても、人それぞれに価値観が異なり、思いも違うので、一概に述べることは難しい。そこで「人生いかに生きるべきか」「いかに幸福に生きるか」についての私の指針を述べます。

　健康で、愛情に満ち、経済的に困らないことが絶対の条件です。原則でもあります。

　この「絶対の条件」、「大原則」は、自分だけに適応されるものではありません。家族はもちろんのこと、友人やまわりの人たちみんなが、健康で、愛情に満ち、経済的に困らない状態でなければなりません。そうでなければ、貴方は「真の幸福」とは言えないのです。

　子弟の教育はとても大切です。敗戦後約7年間も軍事占領され、日本人の価値観を根底からくつがえし、日本人の精神の支柱を抜き去るような占領政策を実施されたからです。

子弟に膨大な財産を贈与する、財産を相続させることは、教育の妨げになる。財産を残された人の人生を、スポイルすることになる。最も愚かな行為。いちばん下手なやり方である。そう私は考えています。

5　愛する人を守るため大量の資金が必要

世の中の仕組みのほとんどは「富の攻防」

　中国の人民解放軍は、台湾に上陸した数年後に、日本に上陸するしょう。共産党の工作により、日本人の多くは歓声をあげて、受け入れることでしょう。

　中国共産党は、日本を「倭人自治国」にしたいのです。日本を、いまのウイグルやチベットのようにしたいのです。

　そのとき、日本から逃げるには、そうとうな資金が必要です。10年以上も先になるとは思いますが、それまでに十分な資金を得る方策を、本書にしたためました。

　私がお金儲けの話をすると、ほとんどの人が「うさん臭いやつだ」と顔をしかめ、「怪しいやつだ」と警戒されたりもします。しかし、世の中のほとんどの仕組みは「金儲け」を目的としています。まさに「富の攻防」なのです。

お金儲けの扉を開く鍵は情報

　人生には三回のお金儲けの大チャンスが、誰にでも訪れると言われています。その大チャンスが、まさに現下にきているではありませんか。

　例えば人口30万ほどの小都市近郊の住宅地は、昭和30年から昭和60年までの30年間に、約400倍値上がりしています。一坪2,000円ほどの土地が、80万円になっているのです。50坪を10万円で購入したひとの地価が4千万円になったのです。

　日頃から、新聞・テレビなどの情報に気を付けていさえすれば、誰でもお金儲けができるわけです。

投資で儲けるには彼らの戦略を先読みすること

　宝石店に立ち寄ってみてください。店員の全員が、なぜか黒い服を着用しています。

　なぜかというのは、紀元前にまでさかのぼります。ユダヤ人が幽閉を解かれ、自分達の土地へ戻る途中の砂漠で、位置を知るためには、星を見なければなりません。

　星を見るときに必要なのは「暗黒」です。暗黒の空があると星が輝いて見えるのです。だから黒がユダヤ人の神聖な色になりました。夜空に輝く星は、まさにダイヤモンドであり、世界のダイ

ヤモンド市場を牛耳ったのは、ロスチャイルド家から資金援助を受け、1881年にデビアス社を設立したセシル・ローズでした。

　シェイクスピアが書いたユダヤ人の高利貸しシャイロックの物語は、金利の恐ろしさとともに、面白さを描いています。写真をご覧ください。横浜に現存している横浜正金銀行の石造りの建築物です。大変立派です。

　これをご覧になれば、一番確実に儲かるのは、金融業であることが分かります。宝石や金、石油、金融のほとんどすべてを（ユダヤ）国際金融資本が握り、動かしています。ほとんどの人がそのことを知らずに、日々その動きに翻弄されています。

旧 横浜正金銀行　本店
明治13（1880）年、貿易取引の決済業務と貿易金融を目的として
設立された銀行

投資で儲けるには、彼らの戦略を先読みすること

敗戦後、学校の給食に使われた小麦粉や脱脂粉乳などは、米国での余剰農産物でした。

幕末から明治維新にかけて、幕府、薩長土肥ともに使った大砲は、アメリカで南北戦争が終わり、用済みとなったものでした。

今回、パンデミックのワクチンが大量に余ったようですが、返品しないで破棄したようです。これには国際金融資本が関係しているようです。

私たちが投資して儲けるには、彼らの戦略を先読みするしかありません。

第2部

ミッドウェー海戦から振り返る

6　少し分かってきたミッドウェー海戦

珊瑚海海戦は、人類史初の空母海戦で引き分けに

　昭和17（1942）年6月5日から6月7日にかけて、太平洋ミッドウェー島周辺で行われた日本海軍とアメリカ海軍によるミッドウェー海戦が、日米戦の転換点であったと言われています。

　たしかにそのとおりで、ミッドウェー海戦で大敗し、太平洋の制海権、制空権を失い、日本は一挙に「負け戦」「防衛戦」の様相を呈するようになりました。

　破竹の勢いで勝ち進んでいた日本が、なぜミッドウェー海戦で大敗したのか。その解答を得るには、1か月ほど前に、ほぼ引き分けとなった珊瑚海海戦を見なければなりません。

　珊瑚海海戦は、日本海軍と米国とオーストラリア連合国軍との空母同士の海戦です。空母同士の海戦はこのときが初めてであり、ミッドウェー海戦は人類史上初の空母海戦でした。

　日本海軍の空母瑞鶴と翔鶴の2隻と、米空母レキシントンとヨークタウン2隻とが、艦上機で空襲しあうという海戦になりました。当時、日本海軍は空母を6隻保有していました。そのうち

の２隻が珊瑚海海戦を戦い、残りの４隻がミッドウェー海戦を戦いました。日米両空母は互いに相手の艦を視界内に入れずに戦うという戦いでもありました。空母同士の戦いは、空母に艦載された戦闘機による魚雷攻撃ということになっていたからです。

　両者ともに始めてのことであり、ほぼ引き分けのようなかたちになりました。

珊瑚海海戦に対する反省がひどくて「敵の軽視」

　日本海軍にとって大問題であったのは、この珊瑚海海戦に対する反省です。「訓練不足により空母が弱かったから」ということで片づけてしまったのです。

　対する米海軍は、空母が距離をとらずにかたまっていたことにより、まとめて敵機の標的になったと分析。以降、空母戦が予想されるときは、空母は距離をおいてが航行するというように変えました。

　その約１カ月後に、ミッドウェー海戦になります。米空母は距離をおいて航行していたので、同時に敵機に集中的に襲われるということはありませんでした。

　日本海軍の方は、こりもせずに空母４隻がまとまって航行していたために、まとまって敵機の標的となり、３隻があっというまに撃沈されました。５分ほどでとか、30分足らずでと記されたものもあるようです。

5分、30分足らずは、いくらなんでも早すぎると思いますが、いずれにせよ、太平洋の制海権、制空権に大きく関わる、頼りにしていた空母3隻が、あっというまに沈められました。

なぜ空母飛龍のみが無事だったのかというと、敵機に襲われて逃げているうちに他の3隻から離れてしまったからです。その飛龍が米空母ヨークタウンと戦い、ヨークタウンを沈めました。

ミッドウェー海戦は日本の大敗であったのですが、米空母1隻を沈めているのです。逃げ惑（まど）って他の空母群から離れてしまった空母が、米空母と一騎討ちをして勝っているのです。「日本空母は訓練不足だった。弱かった」というのは、明らかに間違いだったのです。

それまでの日本軍は、破竹の勢いで勝っていましたので、陸海軍ともに「敵の軽視」が目立ったようです。

☰ ミッドウェー島米軍基地攻略と、米空母壊滅の2つの目標

ミッドウェー海戦大敗の2つ目の理由は、暗号を解読されていたことでした。日本軍の動きが、筒抜けになっていたのです。

3つ目は、東京爆撃の基地になっているミッドウェー島米軍基地を攻略することと、米空母を壊滅するという2つの目標をもっていたことです。

二兎を追ったのです。しかも、それは海軍指導部の対立を反映したものであったので、どっちつかずの二兎、あいまいな二兎で

した。

　ミッドウェー海戦が始まる前に、日本軍はミッドウェー島の米軍基地を爆撃しています。そうして爆撃機が空母上空に帰還しはじめたあたりに、米艦隊を発見し、その後方には空母が控えていることもわかり、唖然とします。

≡ 戦力はほぼ互角、ミッドウェー海戦軍基地を爆撃

　そうしてミッドウェー海戦が始まるのですが、この時点の戦力比は、ほぼ互角でした。空中戦では零戦（零式艦上戦闘機）が圧倒的なので（実際の空中戦でもそのようでした）、日本の方が有利であったという説もあります。

　日本側は、南雲忠一司令官率いる第一航空艦隊の空母4隻。

　アメリカ側はレイモンド・スプルーアンス司令官率いる機動部隊の空母3隻、それにミッドウェー島基地の航空部隊。

　ミッドウェー島の米軍基地を爆撃した爆撃機は、地上爆撃のための爆弾を積んでいました。その爆弾をすべて使い果たしての帰艦でした。

　帰艦しようとした空母は、爆弾を魚雷に付け替える作業に追われていたので、思ったように着艦できず、上空を旋回したようです。そのなかには燃料切れになったものもあったようです。

　ミッドウェー島米軍基地には爆弾、空母機動部隊には魚雷。その根底には、「米軍基地を叩く」、「米空母機動部隊を壊滅する」

の、あいまいなままの2つの戦略目標がありました。

　海軍における最高ポストは軍令部総長（統帥）、海軍大臣（軍政）、連合艦隊司令長官（艦隊）の3つです。

　天皇陛下に直属する永野修身軍令部総長は、おもにミッドウェー島米軍基地を叩くという戦略。

　山本五十六連合艦隊司令長官は、米空母機動部隊を殲滅させて、太平洋の制空権、制海権を大きく広げるという戦略でした。そのため、ミッドウェー米軍基地爆撃のときも、魚雷を搭載した戦闘機を隠していたという説もあります。

　南雲忠一第一航空艦隊司令長官は、ミッドウェー米軍基地をおもに叩くという永野修身軍令部総長を支持していたようです。

　どちらか一つ完全に実現していたならば、日本優勢の戦局は続いていたのではないでしょうか。

「あと5分、30分」は言い訳
爆弾を外して魚雷にかえるのはもっと時間がかかる

　爆弾をはずして魚雷に付け替えるということを大急ぎで行い、飛行機は飛び立ちました。はずした爆弾は、甲板にそのままになっていました。

　そこを爆撃されたので、はずしたばかりの日本の爆弾が爆発することになり、日本の空母4隻が沈む大きな原因になったようです。

　あと30分時間があれば、日本は勝てた。

これが有名になりましたが、これはどうやら日本海軍の言い訳のようです。

戦後に澤地久枝さんが、日米双方のこのときの戦没者を特定するという前代未聞の大事業を完成されました。ということは、日米ともにミッドウェー海戦による戦没者のすべてを、特定するということはできていなかったということです。

澤地久枝さんは『滄海よ眠れ』（全6巻。毎日新聞）を書き上げるなかで、当時の日本海軍上層部を含む関係者に取材をされ、爆弾をはずして魚雷につけ変えるまでの時間はどれほどかかるのかと質問されました。

その質問に対する明確な回答は得られませんでしたが、「あと30分」でなんとかなったというレベルではなかったようです。「あと5分時間があれば」とか「あと30分敵空母発見が遅れていれば」というのは、空母というものをよく知らない、空母戦を見たことのない、ほとんどの日本国民向けの言い訳であったようです。

爆弾を積んだまま敵空母を攻撃していたならば

「爆弾をはずして魚雷につけ変える時間」については、よく指摘されるのですが、なぜ「爆弾をはずして魚雷につけ替え」なければならなかったかについては、あまり指摘されていません。

　繰り返しますが、ミッドウェー島の米軍基地を叩くのと、米空母機動部隊を殲滅するという二つの目標を持っていたためです。

　この時期、米国国内には根強い厭戦気分があったので、戦意を盛り上げる必要があり、長距離を飛ぶため重い爆弾を積むことはできないので、爆撃してもたした効果はあがらなかったのですが、「東京を爆撃した」という事実が欲しくて、米国は細々と東京爆撃を繰り返していました。その東京爆撃の米軍機が、ミッドウェー島の米軍基地から飛び立っていたのです。

　だから日本としては、ミッドウェー島の米軍基地を叩く必要があったとされています。

　この日、ミッドウェー海戦がはじまる前に、ミッドウェー島の米軍基地を爆撃していました。爆撃は成功したのですが、もう少し爆撃する必要があるということで、第二次爆撃命令が出されたようです。

　空母は魚雷で仕留めるということになっていたので、敵空母を発見したのちは、飛行機に魚雷を装備するということになり、ミッドウェーから帰艦する爆撃機もあり、混乱したのでしょう。

　敵空母を発見したときは、一刻を争うときであったはずなので、魚雷よりは落ちるものの、早い者勝ちなので、爆弾を積んだまま敵空母を攻撃していたならば、少なくとも大敗には至らなかったのではないでしょうか。

日本の大東亜戦争

　ミッドウェー海戦の現場の責任者は、山本五十六連合艦隊司令長官であり、空母4隻が所属する第一航空艦隊を率いていたのは南雲忠一司令官でした。

　この二人は仲がよくないと言われているのですが、日本の開戦となった真珠湾奇襲攻撃については、手を携えて行っています。

　日本の大東亜戦争は、欧米の植民地になっているアジアの国々を独立させることにより、欧米の覇権がいま以上に拡大するのを食い止め、それぞれの国が、それぞれの国の資源をそれぞれの国のために使い（資源の収奪を止めさせる）、それぞれの国の文化を守り、発展させ、多様な国々が調和しながら、それぞれに発展していく世界を目指すというものでした。

　後で分かったことですが、米国の黒人運動は、この日本の大東亜戦争に触発されたもののようです。

　大勢のユダヤ人を、同盟国ドイツに遠慮せずに、東條英機、松岡洋右らが助けています。しかし、これは日本帝国として助けたため、あまり語られていません。

真珠湾奇襲攻撃に世界が驚いた

　大東亜戦争の日本の基本方針は、次のとおりでした。

＊

　すでに植民地になっているインド、インドネシアなどの独立を支援する。フィリピンは米国の植民地ではあるが、いったん占領してもすぐさま米国に返す。なぜならば、米国とは戦うべきではないから。

　インド洋を制覇して、英国への物資の補給を断つ。

＊

　のちに占領軍が太平洋戦争という名称を押しつけ、今でも太平洋戦争と、日本のみんなが口にしていますが、もともとはそのようなことでした。太平洋の文字は、どこにも入っていなかったのです。

　じゃあ、なぜ山本五十六連合艦隊司令長官は、ハワイ奇襲攻撃にこだわり、実現させたのかということになります。

　山本五十六は、駐米武官もやっていたので、アメリカの状況についてはよく知っていました。

　今でいう戦争で大儲けしているネオコン（ネオコンサバティブ）の牙城という側面もあるハーバード大学に通っていたというのは気になりますが、まさか日本を裏切ったりはしないでしょう。

　そこで考えられるのは、アメリカの度肝を抜くということです。

英国は日本の戦略にうすうす気づいていて、チャーチルはアメリカを引っ張りこみたかった。アメリカ大統領は選挙の公約で「アメリカは戦争をしない」とはっきり言ったものの、ニューディール政策では不況をどうしようもできなかった。戦争をしたかった。

　当時、海戦というのは戦艦同士の戦いというイメージだったので、日本も戦艦大和をつくって、来るべき大海戦に備えていました。

　そんな状況の中で、世界最新の軍事知識のあった山本五十六は、真珠湾奇襲攻撃を思いついたのではないでしょうか。

　ハワイのアメリカ海軍基地に、日本が先制攻撃をかける。それだけでも大変なことです。

　ハワイの真珠湾攻撃を飛行機で行う。それも日本が。

　これも当時としては意表を突く驚きの攻撃でした。

　アメリカ大統領をはじめ米軍上層部は、すでに知っていて、空母、将兵などを逃がしていたようですが。

三　アメリカ大統領は、これで戦争できると微笑み
　チャーチルは、助かったと胸をなでおろしたはず

　山本五十六としては、日本と英米の海戦となると、日本海近海でのチマチマとした海戦になるので、最初にハワイを、ということだったのかもしれません。

　その攻撃が報じいられるや、確かに世界は、あっ！　と驚きま

した。

　米国民も、あっ！　と驚き　即座に、

　リメンバー　パールハーバー！　となりました。

　山本五十六としては、誤算だったのではないでしょうか。

　アメリカ大統領は、これで戦争できると微笑んだはずです。

　チャーチルは、助かったと胸をなでおろしたはずです。

☰ 南雲司令官は、真珠湾攻撃のとき
☰ 石油タンクを破壊しなかった

　ミッドウェー海戦の現場の攻撃責任者は、山本五十六連合艦隊司令長官であり、空母4隻が所属する第一航空艦隊を率いていたのは南雲忠一司令官でした。

　真珠湾の第3次攻撃は石油タンクの破壊だったのですが、南雲忠一はこれを許可せず、引き上げています。

　攻撃が長引けば、迎撃されるので、早々に引きあげたという説もありますが、ハワイにまで出かけて、第一次、第二次攻撃が成功しているのに、なぜ急に攻撃を止めたのでしょうか。

　ハワイの石油タンクには、ずいぶんたくさん石油が入っていたそうです。米国から西に行くときに、給油するためでしょうか。

　それに、もともと油が入ってこなくなるので、南に行き、西に行くというのが、大東亜戦争の基本でした。

　真珠湾攻撃の全機は、大量の石油を目の前にして、何もしないで引きあげたのです。

ミッドウェー海戦大敗には疑問がいくつも残る

　ミッドウェー海戦大敗については、いささかしつこいですが、現時点では次の点を指摘することができます。

　約1カ月前の珊瑚海海戦の反省があまりにもいい加減であった
　敵に暗号電報を解読されていた
　空軍基地撃破（爆弾）、空母殲滅（魚雷）どっちつかずであった

　戦力は互角であり、航空技術は日本ほうが巧みであったにもかかわらず大敗し、太平洋の制海権、制空権をともに失うことになったミッドウェー海戦。

　初めての空母同士の珊瑚海海戦を、なぜ真剣に検討しなかったのでしょうか。

　先に攻撃することが何よりも大切な空母戦で、なぜ爆弾のまま攻撃しなかったのでしょうか。

　こんな重要な攻撃に際して、なぜ暗号を新しくしなかったのでしょうか。

　戦力が互角なのに、太平洋の制海権、制空権を一挙に失うまでの負け戦など、はたしてできるものなのでしょうか。

　昭和21年5月から始まった極東国際軍事裁判で、板垣征四郎、木村兵太郎、土肥原賢二、東條英機、広田弘毅、松井石根、武藤章の7人が死刑判決を受け、同年12月23日に絞首刑が執行されま

した。

　広田弘毅以外の6人はいずれも陸軍です。海軍で絞首刑になった者は一人もいません。

米国、太平洋諸島のジャングルを見て回った

　私は、なぜ日本が戦争に負けたのか、その原因はなんであったかに大変興味がありました。そのことを、なんとしてでも知りたいと、海外旅行の自由化を待ってアメリカに行き、各地を見て回りました。

　アメリカには、日本と比較できないほどの多くの自動車が走り、高層ビルが立ち並び、地下鉄も縦横に伸びているではありませんか。

　郊外の住宅地は、家々に芝生が青々と生え、必ず自動車がおかれています。バスで隣の市へ行く途中には、露天掘りの鉱山が点在し、原油の汲み上げ機が無数に稼働していました。

　それらを見たとたんに、アメリカに勝てるわけがないと分かりました。これは誰が見てもわかることです。とにかく人口が多く、それにも増して大きな車が多く、資源が桁違いに豊富であるわけですから。

　他方、戦場であった太平洋諸島のジャングルは、マラリアが蔓延し、人跡未踏の樹林で覆われ、毎日のように激しいスコールが降り、歩行することすら困難でした。

そんなところに、重装備の日本兵を上陸させ、弾薬や糧秣の搬送にも事欠くようになったのです。その結果、戦争でなく病死、餓死で多くの将兵が命を落としました。

東京で作戦を立てていた大本営作戦参謀は、あまりにも過酷な戦場の自然環境や、相手国アメリカ国内の実情を熟知できていたのでしょうか。

7　米軍4日の予定が2ヶ月半　ペリリュー島の戦い

それまでとは全然違う日本軍

真珠湾奇襲攻撃によって戦端を開いた日本は、陸海とも破竹の勢いで攻め上り、当初の戦略目標のほとんどを手中におさめました。

その後、ミッドウェー海戦で大敗し、太平洋の島々を防衛する防衛戦を戦うことになりました。

ミッドウェー海戦で大敗したことにより、太平洋の制海権、制空権を失ったあとに、太平洋の島々の防衛戦を戦うことになったので、当然、勝ち目のない負け戦で、太平洋の島々を次々と失いました。

ところが、最後の土壇場で、日本軍の戦い方が大きく変わります。その最初の戦いがペリリュー島の防衛戦でした。

　日本軍の戦い方は、はっきり次の3つに分けることができます。お断りしておきますが、私はここでは海軍の動きを中心に真珠湾攻撃、ミッドウェー海戦、ペリリュー島というように見ています。そのため、偏っています。大東亜戦争あるいは太平洋戦争については、これからも新事実が次々と出てくると思いますので、よく研究されて、日本のいまを、お確かめください。

はっきり3つに分けることができる日本軍の戦い方

　1941年12月8日～……真珠湾奇襲攻撃。英領マレー半島上陸、連合国軍切り札の英最新鋭戦艦「プリンス・オブ・ウェールズ」を撃沈。制空権、戦車戦、歩兵戦術、戦闘経験において優越する日本軍は、次々と戦略目標を達成。約半年、破竹の勝ち戦。

　1942年6月5日～……ミッドウェー海戦で大敗。太平洋の制海権、制空権を失い、太平洋の島々の防衛戦となる。島々の防衛は、水際撃滅のための戦力水際配置となり、突破されるや覚悟のバンザイ突撃となった。このかたちの戦いが約2年3ヶ月続いた。

　1944年9月15日～……米軍を苦しめた長期抵抗、ゲリラ戦のペリリュー島防衛戦は、米軍は4日とみていたが、11月27日までの2ヶ月12日の戦いとなった。

　以降、日本軍はこの戦い方が主流となり、硫黄島の戦い、沖縄

本土（沖縄は本土と位置づけられた）の戦いへと引き継がれ、翌年8月15日に終戦となった。

　このペリリュー島防衛戦以降の11ヶ月におよぶ日本軍の戦いぶりは、3年8ヶ月にわたる戦いの約4分の1を占めるにもかかわらず、戦後ほとんど正確に語られることはなかった。

三三三 米兵の中に深刻なPTSD（心的外傷後ストレス障害）を発症する者が相次いだ

　昭和19（1944）年9月15日から11月27日にかけて、ペリリュー島（現在のパラオ共和国）で、日本軍守備隊と米軍の陸上戦闘がありました。

　ペリリュー島は小さな島だったので、米軍は当初4日で攻略する予定でした。それが2ヶ月半もかかりました。

　なぜかというと、日本軍は「バンザイ突撃」を止めたからです。

　それまでは、上陸してくる米軍を攻撃をする「水際作戦」をとっていたのですが、それも止めました。

　そんなペリリュー島に、機雷などがあったものの米軍がなんとか上陸したとき、何の抵抗もないので、ヘンだとは思ったようですが、どんどん進むと突然どこからともなく銃撃されました。

　日本軍は、洞窟などを利用していくつも陣地をつくり、ゲリラ戦法で戦ったのです。

　日本軍のそれまでにないしぶとい抵抗、いつどのように攻撃されるかわからないゲリラ攻撃が、米軍の計画を根底から瓦解させ

ました。

　のちに米兵の中には深刻なPTSD（心的外傷後ストレス障害）を発症する者が相次いだことが報告されています。

情報参謀堀栄三作成の『敵軍戦法早わかり』大本営戦訓特報第28号を参考にした

　このときのペリリュー島には、絶対国防圏を守るため、関東軍最強の第14師団（照兵団）が、派遣されていました。

　彼らは大本営より、アメリカ軍の戦法についての情報伝達を受けていました。そのことにより、敵が上陸する寸前に機雷を配備し、約500もの洞窟を陣地化し、サンゴ礁でできた硬い地質を縦横に掘って、陣地化した洞窟とつなぎ要塞化しました。

　そうして、米軍との持久戦に備えたのです。

　ペリリューの戦いにおける日本軍の戦闘方針は、情報参謀堀栄三が作成した『敵軍戦法早わかり』の内容を元に計画されたものでした。

　堀栄三情報参謀からの直接の説明にさいし、のちに戦力差4分の1にもかかわらず、ペリリュー島の驚異的な徹底抗戦を指揮した中川州男（くにお）大佐は、熱心にメモを取り、質問もしたようです。

　大本営は、サイパン島から報告された戦訓を元に、戦訓特報第28号を全軍に通知していたので、ペリリュー島の陣地構築は、この通知も参考にしたようです。

ペリリュー戦における日本軍の戦死者は1万22名。米軍側の戦死者数1684名ですが、戦傷者数は7160名にもおよび、米軍は「『建軍以来、最悪』と言ったそうです」（カッコ内歴史叢書を参照しました）。

　このペリリュー島の戦いにより、米軍は日本軍の強靱さについて改めて見直す必要性に迫られ、「本土上陸論」に一定の抑制がかかるようになったようです。

三 戦車を埋め砲塔だけを出して防衛兵器に きわめて合理的な長期抵抗戦の準備

　硫黄島の戦いを指揮した栗林忠道中将は、陸大（第35期）次席により恩賜の軍刀を拝受しています。駐米武官も勤めたので米国の事情にも明るく、12月8日開戦後、わずか18日間でイギリス軍を撃破し、香港を制圧しています。

　硫黄島には約1,000人の住民が居住していましたが、その島民も将兵と同じ防空壕に避難させ、おりを見て上手に逃がしました。

　従来の「水際配置・水際撃滅主義」に固執する陸軍幕僚、千鳥飛行場確保に固執する海軍を抑え、全長18kmにわたる坑道および地下陣地を建設しました。

　硫黄島には戦車もあったのですが、戦車戦では負けると判断し、戦車を穴に埋め込み、地面から砲塔だけを出し、防衛兵器としました。相手を熟知し、きわめて合理的な長期抵抗戦の準備をしたわけです。

この戦いを指揮している日本の将軍は頭の切れるやつ

　翌1945年2月16日、アメリカ軍艦艇・航空機は、猛烈な上陸準備砲爆撃を行ったのですが、守備隊は十分にアメリカ軍上陸部隊を内陸部に引き込み、一斉攻撃を開始。

　その夜、前線部隊からの報告によって硫黄島守備隊が無謀な突撃をまったく行なわないことを知って驚き、取材の記者たちに「誰かは知らんがこの戦いを指揮している日本の将軍は頭の切れるやつ（one smart bastard）だ」と語ったそうです。

　米軍は上陸後に、「最高司令官はクリバヤシ中将」であることを知り、硫黄島の戦力が当初の見積より遥かに多いこともあり、苦戦は必至と危惧したそうです。事実、その危惧のとおりにアメリカ軍は大苦戦させられることになりました。

8　終戦

終戦直前から直後にかけて多くの日本人が死んだ

　写真をご覧ください。昭和20年9月2日アメリカ戦艦ミズーリ号の甲板で、重光外相と共に降伏文書に調印する梅津美治郎（うめづ よしじろう）参謀総長が写っています。

　彼は、陸軍大学を首席で卒業し、天皇陛下より恩賜の刀を拝領

された超エリートで、秀才中の秀才です。

　参謀総長とは、作戦の総指揮官であり、途方もない責任を負っています。梅津美治郎参謀総長は、1944年7月18日から1945年11月30日までの約1年間、東條英機のあとを継いで参謀総長の任にありました。

　その約1年間に、日本人が200万ほど死んだのです。日米戦で死んだ日本人は、将兵、民間人あわせて310万人ほどだと言われています。その3分の2ほどは、終戦直前から直後にかけて死んでいるようです。

　戦争で死んだと聞くと、まずは戦死が思い浮かびますが、正規軍同士の戦闘による戦死よりも戦地における餓死が多かったようです。戦地において餓死していく兵士の気持ちを思うと……。

　日本の民間人、したがって武器を持たない女性、子どもを含む非戦闘員も、原爆投下、東京大空襲などによって、まるで家畜を大量に屠殺するかのように殺されました。

　わずか1年数か月のあいだに、日本人をそのような目に合わせたのは、もちろん敵国ですが、日本の参謀総長にも大きな責任があるのではないでしょうか。その参謀総長を、降伏文書調印式に、日本国自らが選んだとしたら、戦争に負けても当然かもしれません。

三 日清戦争、日露戦争に勝ったときは、幕末から 三 明治維新を戦い抜いたサムライが指揮を執っていた

　梅津美治郎参謀総長は、2・26事件ではいち早く天皇陛下の意向を尊重し、開戦後は関東軍を抑えて、さらなる事件を起こさせなかったと言われています。後始末ばかりしてきたとも言われ、最後の後始末が、大本営を代表しての降伏文書への署名だったのでしょうか。

　当時の日本は、学問的に秀でた人、つまり実戦の経験の少ない秀才ばかりを集めて作戦指導部とし、戦争経験豊富で巧緻な米英連合国と戦ったのですから、その点からも戦争に負けて当然といえるのではないでしょうか。

　日清戦争、日露戦争に勝ったときは、幕末から明治維新を戦い抜いたサムライが、指揮を執っていました。戦争には、学問的な優秀さに加えて、情報分析、決断力、経験、度量、度胸なども必須ではないのでしょうか。

昭和20年9月2日、東京湾上、米戦艦ミスーリ号の甲板で降伏文書の調印式が行なわれた

9 松本清張がそのことを 「日本の黒い霧」で描いた

占領軍上層部の大半が本国に戻された

　松本清張さんの作品をざっと見る前に、朝鮮戦争が勃発することにより、日本に対する占領政策が、大きく根本的に変わったことを共有しましょう。

　それは占領軍上層部の大半が本国に戻され、あらたに同規模の占領軍上層部が、日本に着任したことにより、実質的には始まりました。

　日本が米国と武力をもって戦ったのは3年8ヶ月ほどですが、日本精神を一掃するための米軍事占領は、表立ったものだけでも6年8カ月におよびました。

　戦争の倍近い年月を、占領政策の実施に充てていたのです。それだけの年月を必要とする占領政策の実施だったのです。

　ここでは、表立った6年8カ月におよぶ米軍事占領にも、朝鮮戦争を境として、大きく2色に分かれていることを指摘したいと思います。

これまでのようにはならない息吹が感じられます

　日本はいまだに独立国ではないという意見が、海外では多いようです。日本国内からも、大きな組織に属さない研究者から、「目からうろこ」の貴重な意見が出るようになってきました。

　そのうえ近年、近現代史の常識がひっくり返るような、いろんな資料が出てきています。

　歴史というものは、常に勝ったほうの目から見た歴史、勝ったほうが、負けたほうも含めて全体をまとめ上げるためにつくりあげた歴史であると言われています。実際にごく大雑把には、そのようなものではないでしょうか。

　しかし、近年大きな変化の息吹が感じられます。大きな戦争に負けると、勝ったほうの歴史に飲み込まれてしまい、負けたほうの歴史を忘れてしまうようですが、そうはならない息吹が感じられます。

　大きな戦争に負けると、相手国の言葉を使うようになり、もともとの自分たちの言葉を失ったりもします。そのようなこともあって英米語を使う人、中国語を使う人がこんなにも増えたようですが、日本語は残りました。

　私たちは、万葉集も日本書紀も、新井白石も夏目漱石も読むことができます。残念なことに、読もうという人がかなり減ってきてはいますが。

　このことは、これまでの中での大きな違いです。

敵の総大将にあたる天皇陛下が天寿を全うされました。

米国の日本占領政策が途中で大転換された

　終戦直後から、ロシアの文化を守り、ロシアの天然資源を取り戻そうとするロシアの動きが明らかになり始めたあたりから、いろんな資料が出てきています。近現代史の常識がひっくり返るようなさまざまな研究者の研究が、表にでるようにもなりました。

　その末席を汚さないように、朝鮮戦争を境として、米国の占領政策が大きく変わったことを指摘したいと思います。

　そのことを示すものとして、まずはマッカーサーのあゆみをざっと見、そのあとで松本清張さんの作品をざっと見ます。

　松本清張さんの作品をざっと見ると、いまでは考えられないほど終戦後には奇妙な事件、不可解で、大がかりな事件が多いことに気付かされます。しかも、そのほとんどが途中で捜査を止めさせられ、迷宮入りとなっていることに驚かされます。

　さらによく見ると、それらには米国の占領政策の大転換が、少なからず影を落としていることにも気付かされます。

マッカーサー、ホイットニー、ケーディスは
さらに日本を弱体化させる占領政策を行った

　GHQと一口に言っても、全く違う、あるいは正反対と言ってい

いほどの2つの派閥があり、対立していました。その2つの派閥とは、GHQ内部にある「民政局（GS）」と「参謀第二部（G2）」です。

　日本占領の前半には、マッカーサー派の民政局（GS）が力を持ち、日本国憲法の草案作成を指示したコートニー・ホイットニー准将が局長を務めていました。日本国憲法の草案作成を実際に担当したのは、ホイットニー局長の部下のケーディスでした。

　日本は保守的な思想が軍国主義につながったので、"革新化"させれば、異常に強い日本を再び見ることはないだろう、ということのようです。さらにGSには、大企業と政治家、軍人が威張らない国、みんなが平等な国を作るという理想主義もあったようです。

　その結果、日本国憲法がつくられ、労働組合が育成され、日本共産党幹部が釈放され、日本社会党の片山哲が首相となりました。

6年8ヶ月の後半の占領政策は、180度転換 真反対の米国に役立つための日本の強化策

　日本占領の後半には、参謀第二部（G2）が台頭しました。G2のトップは、反共産主義者チャールズ・ウィロビーです。GHQ内の保守派のG2は、米ソ冷戦の情報機関的な部署でもありました。

　ウィロビー少将は、アジアにおける社会主義の台頭を脅威に感じ、トルーマン大統領に日本を「反共の砦」として利用するように進言。

トルーマン大統領は、それを受け入れて日本占領政策を180度方針転換しました。米国に役立つように日本の経済を強くすることにし、日本の経済復興に拍車がかかりました。

日本が頑張ったわけでもないのに、日本はアメリカン・ファミリーに迎えら（実際は傀儡政権化による属国化）、それがいまでも続いています。途中で田中角栄が、資源自主外交、日中国交正常化など、日本のために頑張りましたが、潰されました。

GSは日本弱体化計画を進めました。

G2は真反対の日本強化計画を進めました。

わずか6年8ヶ月のあいだに、まるで真反対の2つの日本占領政策が実施されたのです。

☰ 日本占領連合国最高司令官 ダグラス・マッカーサーの歩み

ダグラス・マッカーサーは、陸軍士官学校卒業後、フィリピンなどに勤務し、フィリピン軍顧問となり米陸軍を退役したのですが、日米開戦にともない米軍に復帰し、極東方面軍司令官になりました。

その直後に日本軍がフィリピンに上陸したので迎撃戦となり、マッカーサーが顧問となっている軍が、日本軍に敗れました。

マッカーサーは、オーストラリアに逃亡しました。

その後、ニューギニア奪回作戦、フィリピンのレイテ島上陸作戦を指揮して成功し、ゼネラル・オブ・ザ・アーミー（元帥）に

昇進。

　昭和二十年八月十四日、日本占領管理のための連合国最高司令官に任命され、厚木に到着。

　間接統治方式を採用し、日本の非軍事化、新憲法制定を含む政治経済社会の多面的民主化を推進。

　占領政策の決定権は、連合国十一ヵ国で形成される極東委員会にあり、実質的には米政府にあったのですが、占領政策の実施については、マッカーサーが大きな裁量権を有しました。

　マッカーサーは、早期講和をのぞみ、米政府はそのマッカーサーのプランの実現に向けて動いたのですが、進展しませんでした。

　そこで米政府は、日本の経済復興と政治的安定とを、講和前に進める政策に転じました。

　マッカーサーは、米政府の警察力強化については消極的で、朝鮮戦争が始まるまで、警察予備隊の創設を、日本政府に指示しませんでした。

　朝鮮戦争が勃発すると、マッカーサーは在日連合国最高司令官のまま国連軍最高司令官に任命され、北朝鮮軍の背後を衝く仁川上陸作戦によって戦況を好転させました。

　そのことにより、アメリカ政府の支持と信頼を得て、三八度線を越えて北進しました。

　そこに中国軍が参入し、マッカーサーが率いる国連軍は敗退。

　トルーマン米大統領は、マッカーサーを解任。

　マッカーサーは、静かに余生を送りました。

松本清張の『日本の黒い霧』の位置

　松本清張さんは、たいへんな人気小説家であり、書いたものの
ほとんどがベストセラーになり、テレビドラマにもなり、お亡く
なりになって30年以上も経ったいまも、リメイクされたテレビド
ラマが放映され続けています。ですから、いわゆる国民的大作家
なのですが、直木賞作家ではなく芥川賞作家です。近年の芥川賞
作家とは、ずいぶん違います。

　明治42（1909）年、福岡に生まれた松本清張（本名きよはる）
さんは、給仕や印刷工などをし、41歳のときに懸賞小説に応募入
選して頭角を現しました。

　昭和28（1953）年、『或る「小倉日記」伝』で芥川賞を受賞さ
れ、その後ベストセラーの山を築かれました。

　一般的には、1958年の『点と線』が、推理小説界に「社会派」
というの新風を吹き込んだということになっています。しかし、
よくみると、その作品は次のように3種類、3群になっています。
ジャンルでわけると、推理小説、ノンフィクション、歴史ものに
なります。

　古代史………………………『古代史疑』『清張通史』など

　戦前の昭和期………………『昭和史発掘』など

　終戦後の不可解な事件……『日本の黒い霧』

　日本が軍事占領されていたのは、一般的には1945年8月のポツダム宣言の受諾から1952年4月28日にサンフランシスコ講和条約が発効するまでの6年8か月であるとされています。

　『日本の黒い霧』で扱われている事件の多くは、この軍事占領期に発生したものです。「黒い霧」は、もちろん怪事件に潜む占領軍の陰謀を比喩したものです。

　日本や日本精神などについての書物7000冊以上が消されてしまったのもこの時期です（敗戦国の書物を焼却する焚書は、国際法違反では）。義務教育の教科書から、日本国の成り立ちなどが消し去られたのもこの時期です。

　「自分の国は悪い国であった」ということを、国の義務教育の場で教えるという不思議なことは、サンフランシスコ講和条約が発効後にも行われていたのではないでしょうか。私自身の記憶にもありますので。

　非武装の多くの民間人に、原爆を投下せよと命じた人も、実際に投下した人も分かっているのに、「安らかに眠って下さい　過ちは繰返しませぬから」という原爆死没者慰霊碑（広島平和都市記念碑）は、いまも取り除かれていません。日本はいまも占領下なのでしょうか。

12人毒殺の帝銀事件の真相はいまも不明

　「日本の黒い霧」の先駆けとなった『小説帝銀事件』は、『文藝

春秋』1959年5月号から7月号に掲載されました。

　昭和23年1月26日に東京都豊島区長崎の帝国銀行（現在の三井住友銀行）椎名町支店で、行員ら12名が毒殺され、現金と小切手が奪われた事件は、毒についてとても詳しい知識を持つものの犯行であることから、陸軍関係の特殊任務関与者に的が絞られます。しかし、関係者の口は硬く捜査は行き詰まり、GHQから捜操作中止が命じられたらしく、陸軍関係への捜査は中止となりました。いまも真相は不明です。

　代わってホンボシではなかった男が逮捕され、自供したということで入獄し、無実を訴えながら獄中死しました。

「日本の黒い霧」所収の12作品

　『小説帝銀事件』はアメリカ軍占領下の「黒い霧」の深層に切り込んだ最初の作品であり、読者から大きな反響を得ました。

　松本清張さんは、次のように語っておられます。

> 小説で書くと多少のフィクションを入れいることになるが、そうすると、読者は、実際のデータとフィクションの区別がつかなくなってしまうので、調べた材料をナマに並べ、その一次資料の上に立って、私の考え方を述べたほうが、読者に直接的な印象を与えると思った。
>
> 　　　　　『朝日ジャーナル』1960年12月4日号。要約。

「日本の黒い霧」所収の12作品の最初の10話は事件
最後の2話は、占領期の歴史を包括して記述する形式

下山国鉄総裁謀殺論（元・下山総裁謀殺論）……昭和24年7月5日、下山国鉄総裁の死体が発見された。警視庁は自殺とも他殺とも断定しないまま捜査を打ち切った。

「もく星」号遭難事件（元・運命の「もく星」号）……昭和27年4月9日午前7時34分、日航機定期旅客便福岡板付行「もく星」号は羽田飛行場を離陸し、20分後に消息を絶った。

謀略疑獄-その氷山の一角（元・二大疑獄事件-昭電・造船汚職の真相）……連合軍総司令部民政局（GS）の次長であったチャールス・ケージスと恋愛関係を噂された鳥尾夫人が……。

北の疑惑-白鳥事件（元・白鳥事件）………昭和27年1月21日の午後7時半ごろ、2台の自転車が走っていたが、突然、銃声が聞こえ、1台は雪の上に倒れ、もう1台の自転車はそのまま進み、やがて闇の中に消えた。

諜報列島-亡命ソ連人の謎（元・ラストヴォロフ事件）…… 昭和29年1月27日、駐日ソ連元代表部のザベリヨフ部員が東京警視庁に出頭して、同代表部員ジュリー・A・ラストヴォロフ二等書記官が去る24日以来失踪したので、至急に行方を調査して欲しい

と申入れた。

革命を売る男・伊藤律……1939年満鉄東京支社に入社、尾崎秀実（ほつみ）の知遇を得、ゾルゲ事件発覚の糸口となる情報を特高に漏らした。

敗戦直後に出獄、日本共産党に再入党。徳田球一に重用され、中央委員、政治局員に抜擢される。党幹部の公職追放後、地下活動に入り主流派を指導。中国へ密出国し、日本共産党の六全協（第6回全国協議会）で、満場一致でスパイとして除名処分。以後消息不明となり……。

征服者とダイヤモンド……昭和20年9月30日の午後3時すぎ、大蔵次官山際正道氏に、GHQのESS（経済科学局）キャップ、クレーマー大佐から、今夜8時ころに日本銀行へ監察に行こうという電話。クレーマー大佐は、装甲車に兵士を乗せ、約三十名を一グループとして、日銀を……。

画家と毒薬と硝煙 - 再説帝銀事件（元・帝銀事件の謎）……帝銀事件の犯人は、最高裁の判決によって平沢貞道に決定した。再審請求が弁護人側から出されているが、必ずしも刑の執行を拘束しない。平沢貞道は無実を訴えながら獄中死。

白公館の秘密 - 白い手の機関と鹿地事件（元・鹿地亘事件）……昭和26年11月25日午後7時ごろ、藤沢市鵠沼に転地療養してい

た鹿地亘（かじわたる）は、江ノ電鵠沼付近の道路を散歩中、二台の米軍乗用車によって挟まれ、5、6人の米軍人に手錠を掛けられ、白い布で目隠しされ拉致された……。

松川事件‐真犯人への視点（元・推理・松川事件）……昭和24年8月17日に福島県の国鉄東北本線で起きた列車往来妨害事件が起き、容疑者が逮捕されたものの、その後の裁判で全員が無罪となり、真犯人の特定・逮捕には至らず、未解決事件となった。

　下山事件、三鷹事件と並んで戦後の「国鉄三大ミステリー事件」のひとつとされている。

黒の追放と赤の烙印（元・追放とレッド・パージ）……日本の政治、経済界の「追放」は、アメリカが日本を降伏させた当時からの方針であった。1945年8月29日に、アメリカ政府はマッカーサーに対して「降伏後における合衆国の初期対日政策」という文書を伝達し、さらに同年11月3日付で「日本の占領並びに管理のための連合国最高司令官に対する降伏後初期の基本的指令」と題する文書を発した。GHQは、この二つの文書に基づいて占領政策を実行に移すことになった……。

謀略の遠近図（元・謀略朝鮮戦争）……「日本の黒い霧」の極点は朝鮮戦争だが、米軍は最初から極点を朝鮮戦争と「予見」してはいなかったのではないか。占領初期には彼らなりに日本の「民主化」を目指していたものの極東情勢が変化し……。

「米軍は最初から極点を朝鮮戦争と予見してはいなかった」は、おそらくそのとおりでしょう。しかし、北方領土占領については、米軍がソ連に軍艦を貸していたことが明らかになり、東西冷戦構造も米国が描いた「絵」であることが明らかになりつつあります。

　少なくとも当時、米国と世界を2分するほどの国力が、ソ連になかったことは分かってきています。

　日本占領政策を初期に策定し、実施したのは、おもにフランクリン・ルーズベルトのもとでニューディール政策を推し進めたニューディーラーたちでした。ニューディール政策によって米国経済が好転したというのは伝説で、実際には日米開戦が大きかったようです。

　初期に日本に赴任したのは、ニューディール政策を担ったニューディーラーたちであり、その多くはユダヤ系の人々でした。彼らが考え実施した日本の「民主化」は、日本にとってよかったかどうかは、まだわかりませんが、気高いものであったと私は思います。

10 「確実に起きる未来」
これから起きる経済の大変動

米国は英国から基軸通貨の地位を奪った

　第一次、第二次の世界大戦を通じて、軍事的な影響力、経済力を増強、増大させた米国は、世界大戦が終わる一年前の1944年、米国ニューハンプシャー州ブレトンウッズにおいて、「戦後の世界金融制度を安定させる」ための会議を開催しました。

　このブレトンウッズ会議によって、米国は英国から基軸通貨の地位を奪い取りました。ブレトンウッズ会議前の基軸通貨は、英国のポンド。ブレトンウッズ会議後の基軸通貨は、米国のドルになり、現在に至っています。

『ジャパン・アズ・ナンバーワン』とおだてられる

　朝鮮戦争、ベトナム戦争により、米国の日本占領政策の基本が変わり、日本は大儲けすることになりました。朝鮮戦争、ベトナム戦争によって日本は大儲けしたのですが、日本人の若者の血を一滴も流さなかったので、「漁夫の利を得た」との声が、内外から聞かれました。

　日本を「防共の砦」とする、日本は「防共の不沈空母」だとい

うような声も聞かれるようになり、米国の日本占領政策が名実ともに大きく変わったことが明らかになりました。

その後、日本は社会学者エズラ・ヴォーゲルに『ジャパン・アズ・ナンバーワン』（原題：Japan as Number One: Lessons for America）と、おだてられるまでの「奇跡の経済成長」を成し遂げました。

日本国内の大バブルはプラザ合意の後遺症

やがて日本国内で大バブルが誕生することになるのですが、これはプラザ合意の後遺症のようなものです。

1985年9月22日に、先進5か国（G5）財務大臣・中央銀行総裁会議がおこなわれ、日本の対米貿易黒字削減の合意、円高ドル安への誘導の合意がなされました。

プラザ合意発表の翌日には、ドル円レートが約20円も下落し、1年後には1ドル150円台と、ドルが半値近くになりました。

プラザ合意そのものは20分ほどで合意となったと言われています。先進5か国の財務大臣・中央銀行総裁が会議をして決めたということではなく、各国の実務者レベルでの詳細な取り決めはすでになされていたということでしょう。

日本の竹下蔵相は、急激な円高は日本の輸出産業を苦しめることになると反対したそうですが、取りあえずはどんどん融資して乗り切ってくれと言われたとか言われなかったとか。何しろ

20分ほどで終わったそうですから、通告されたようなものだったのでしょう。

　それからどんどん融資がはじまり、当然、金あまりとなり、株式や土地へと資金が流れ、日本は大バブルとなりました。

　それを日本の正月休みを利用して、海外の株式市場は開いているわけですから、上手に売り浴びせて大暴落させ、土地などに波及させて、日本は大バブルを大崩壊させたわけです。

GHQの愚民化占領政策は大成功か

　今日の日本人の多くは神仏を尊ばず、伝統を無視し、親子の愛情さえ理解できないようです。まことに残念ながら、いわゆる愚民意識の人が大多数を占めてしまったようです。

　連合国占領軍司令部GHQの思惑は、紆余曲折はあったものの、最終的には成功し、完成したのではないでしょうか。

　それと同時に、「ポンドに代わって米ドルが基軸通貨になった」あと、次のように変化していきました。

→朝鮮戦争、ベトナム戦争で米国の金（ゴールド）が大量に流出
→ドルと金との交換停止（ニクソンショック）
→米ドル離脱を志向するブリックスが台頭

　次にそれぞれを詳しく見ていきましょう。

朝鮮戦争、ベトナム戦争に疲弊し、金（ゴールド）が大量に流出

　米国は、世界一の純金保有量を背景として、一オンスの金を35ドルと交換すると決めました。そうして、諸外国政府と交換比率を一定として、固定相場制にしたのです。

　基軸通貨となった米ドルは、貿易における交換手段として、世界中で使われるようになりました。

　かくして米国は、米ドルを基軸通貨とし、世界一の軍事力を誇り、世界の警察として君臨し、パックス・アメリカーナ（アメリカによる平和。ローマ帝国全盛期のパクス・ロマーナに由来する。パクスは、ローマ神話に登場する平和と秩序の女神）の時代を築くに至りました。

　しかるに、1950年、朝鮮戦争が勃発し、さらに1965年ベトナム戦争が起き、さしものものアメリカの経済力も相次ぐ戦費の増大に疲弊しました。

　世界一の金準備高を誇っていた米国ではありましたが、各国からドル紙幣と金との交換を要求され、保有していた金が大量に流出しました。

ドルと金との交換、突然の停止米国発のニクソンショック

　資本主義の同盟国であるはずのフランスが、輸送船に米ドル札

を積んで米国の港に横付けし、金塊との交換を要求するなどのパフォーマンスが繰り返されました。

　さすがの、純金保有量世界一を誇っていた米国も、1944年からのブレトンウッズ体制を維持できなくなり、ドルと金との交換を、突然停止しました。

　世にいうニクソンショックです。 1971年8月15日、なんと日本の敗戦日です。

ブリックスが台頭、米ドル離脱を志向

　イランイラク戦争などが相次いで起こり、アメリカの経済はますます疲弊して2013年オバマ大統領は、「米国はもはや世界の警察ではない」と発言するに至りました。

　世界における米国の影響力は低下していき、中国、インド、ブラジル、ロシア、インド、南アフリカなどのブリックスが台頭。彼らは共通の通貨ブリックスをつくり、米ドル離脱を唱えだしてきている現況です。

　中国は、基軸通貨の地位を米国から奪おうとしているという声も聞かれます。

　ウクライナ戦争、パレスチナ戦争で、ロシア、米国、ヨーロッパ諸国、イスラエルなどの先進国が、巨額の戦費の負担を強いられています。

　そんななかで、現在世界第2位の経済大国である中国は、目下

米国の確実に起きる未来

1944年から2035年まで約85年

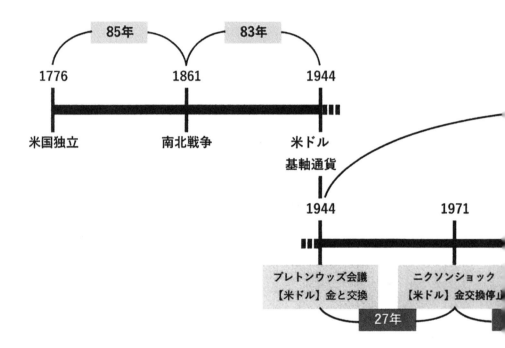

米国の独立からの歴史をみると、政治・経済の変動が、大きくは約85年、経済変動が27年の周期を描いていることが分かります。

米国が1944年基軸通貨国となった85年目が2029年。リーマンショックから経済変動周期の27年目が2035年。

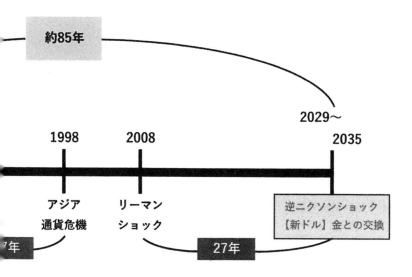

まさに、この期間に政治・経済の大変動が起きようとしています。また、
世界恐慌の1929年の100年目が、奇しくも2029年ではありませんか。
この年表は偶然ではなく、「確実に起きる未来」の時刻表なのです。

のところ表立っては世界のどことも戦争をしていません。

　今の状況では、漁夫の利を得ているのは中国だということになります。世界情勢の中では、漁夫の利を得てはいるが、国内情勢は相当にきびしいという声も聞かれます。

　中国の自国経済に関する統計などの数値は、かなりいい加減なので実際のところはよく分かりません。よくは分からないけれども、だいたいの線を、国も経済学者も出しているようです。

　それらの線よりも中国の実体経済が高くて、日本がいまのままならば、日本が中国の1自治区になる可能性がさらに高まります。

　それらの線よりも中国の実体経済が低くなれば、ウクライナに勝ったロシアが、欧州とのお付き合いを減らして、東アジアとのお付き合いをもっと増やすでしょうから、東アジアが激動することになります。

私の「米国の250年の政治・経済の大変動」観測

　「米国の250年の政治・経済の大変動」を概観すると、以下のようになります。

　最後のところは、ブリックスの台頭ではなく、逆ニクソンショックとなっています。逆ニクソンショックについては、次に詳しく述べます。

　現時点では、ブリックスの台頭が米国にとってのいちばん大きな脅威になっているようですが、2029年から2035年のあたり

に、逆ニクソンショックが起きて、ブリックス台頭の脅威が吹き
飛ぶというのが私の観測です。

11　米国の切り札は、逆ニクソンショックか

逆ニクソンショック、米国の借金踏み倒しか

　現在の米国は、国内の治安さえ維持できなくなってきているよ
うです。

　例えば、カリフォルニア州のロサンゼルスでは、950ドル以下
の万引きについては、軽犯罪扱いのようで、警察は積極的に関与
しなくなっているようです。米国の大都市が、無法地帯化してい
るのです。

　自国内の安全・安寧を守れない国が、他国を守れるわけがあり
ません。「核の傘などない」という声が、米国国内からもあがって
いるようです

　国際的にも、国内的にも財政赤字に困窮している米国が、これ
らの問題を一挙に解決できる方法があります。それは、おそらく
唯一の方法です。

　国内外の債務の切り捨て。簡単に言えば借金の踏み倒しです。

　いかにしてそれを行うか。

　「逆ニクソンショック」の断行です。

米国の唯一の逃げ道は、複合金本位制

保有する金塊を数倍に評価し、米国で産出するオイル、穀物などを結び付け、これらと交換性のある「新ドル」を発行するのです。所謂、複合金本位制です。

交換性のある新ドルは当然、価値を保ち、交換性のない旧ドルは価値がなくなります。

一例を挙げると、旧ドルで購入した、日本が保有する巨額の米国財務省証券は、紙屑になってしまいます。

すでに米国の戦略を察知している中国は、米国財務省証券を大量に売却しているではありませんか。

それなのに、日本はなんと買い増ししています。

「米国250年の大変動」から、それは2035年ころ

米国は次に来るアメリカの覇権国の85年の時代に向かっての戦略を立て、実行に移していくでしょう。金・原油などが暴騰すると、必ずハイパーインフレになります。

今回は複合金本位制にするため、オイル、穀物など、金と一緒に値を上げるわけです。

日本においては保有する金は少なく、経済力の衰えから、輸出で新ドルを稼ぐ力もありません。

超インフレで、大打撃を受けるのは必至です。

1945年の太平洋戦争直後の困窮した状況の比ではなく、餓死者・行き倒れなど、死屍累々となる可能性があります。

そうなると、反米活動が活発化、激化して、やがて米国は日本から撤収を余儀なくされるでしょう。

80 ～ 81頁の図の時刻表のとおりだとすれば、それは2029年から2035年頃と予測できます。

第3部
株式、ドル、金、コインへの投資で儲けよ!

株式への投資……米新大統領の指示に従え!!

ドルへの投資……買うチャンスを待て!

金への投資……金鉱山株（NEM）が大底に接近中!

コインへの投資……財務省金貨を買う絶好のチャンス!

12 株式への投資で儲けよ!

同じ目方の屑鉄が、日によって値段が違った

　敗戦直後は、見渡す限りの焼け野原で、全く何も残されていませんでした。工場の建物が、米軍機の爆撃で木っ端みじんに破壊され、おびただしい屑鉄が散乱していました。近所の人は、その屑鉄を拾い集めて、鉄屑商に売りに行って、日々の糧を得ている有様でした。

　私たち子供も、大人の真似をして、屑鉄を拾い集め、鉄屑商へ売りに行きました。売って得たお金が貯まると、駄菓子屋でチョコレート（と言っても偽ものでしたが）を買い、野積みにされている土管の上に座って一日かけて食べるのが唯一の楽しみでした。

　そんな日々のなかで、子供なりに気が付いたことがありました。鉄屑商に、だいたい同じくらいの目方の屑鉄を売っても、日

によって貰うお金が微妙に違うのです。屑鉄の値段が、微妙に変動していたのです。

それならば、安い日には売らず、高い日に売ればいいということに気付き、私たちはそのようにすることにしました。私たちは数人のグループで屑鉄を拾い、その働きに応じて売ったお金を分けていました。屑鉄相場を考えに入れることにより、それまでより分け前がぐんとよくなりました。

このことが、私を「相場」に目覚めさせたというか、魅入らされることになった最初の出来事です。以来、七十有余年、各種相場、各種投資の実践と研究を続けてきました。

平和不動産の株価に必ず出てくる不思議な数字

株式投資は、目には見えない戦であり、証券取引所を通じてのお金の奪い合いです。戦いですから、相手に勝つにはより強い武器が必要です。どうしたら良いか必死に考えました。

私は、株式投資を始めるにあたって、まずは平和不動産（戦前、新東株と呼ばれ株式市場の指標とされていました）の株価の推移を調べ、分析しました。

親の名義を利用して、実際に株式投資をしたのは14歳のときでした。平和不動産の株価の推移を調べ始めたのは、13歳くらいだったと思います。

私は臆病者ですので、知らない投資には手を出しません。株式

投資をすると決めると、実際に投資をする前にできる範囲で調べました。

平和不動産の株価を調べていくうちに、不思議なことに気付きました。平和不動産株の暴騰暴落の上げ下げに必ず出てくる数値があるのです。それは、1.618と0.5です。いつも必ずこの2つの数値が出現するのです。

不思議な数値の正体は、黄金比、相似形

それに、株価の軌跡が時代が変わっても同じような形になるのです。戦前と戦後とでは、建物も交通機関も、教科書も教育システムも、同じ国ではないくらいに、ガラリと変わりました。

だけれども、株価の軌跡を追いかけていくと、いつも出てくる数値が、戦前、戦後とも同じなのです。

ずいぶん後に、この数値がいわゆる黄金比、相似形であることを知りました。

相似形には次のような意味があります。

異種の生物の器官で、発生的には異なるが、機能が同じであるために形態が似ている現象。

黄金比は、いろいろと難しいのですが、要するに人間が最も美しいと感じる比率です。ミロのビーナス、モナ・リザ、さらには一般的な名刺のサイズなどが黄金比を示しています。

黄金比、相似形の数学的な意味、学問的な意味については、私は
いまだに理解できていません。しかし、大勢の人たちの思惑で、
売り買いされ、形成された株価の動きが、黄金比、相似形になっ
ているということについては、実際の投資の結果において実証さ
れているので、間違いないものと確信しています。

三三　アメリカ大恐慌と 日本バブル崩壊のチャートはほぼ同じ

　前述したアメリカの大恐慌と、日本のバブル崩壊時のチャート
もそうです。

　次のチャートは、1929年の大恐慌時のニューヨーク株式市場の
チャートと、バブル崩壊時の日経平均の週足です。ともに大暴落
のチャートですが、株価がまったくと言っていいほど同じ軌跡を
描いています。

　国も時代も違っているのに、大暴落のチャートが相似形を描く
ということは、相場は「投資家の心理で動いている」という面が
あるということです。

　「ほぼ確実にこのようなことが起きる」で述べたことも、まった
くと言っていいほど同じことが繰り返されているということでし
た。経済の客観情勢も登場人物も異なっているのに、まったくと
言っていいほど同じことが繰り返されているのです。

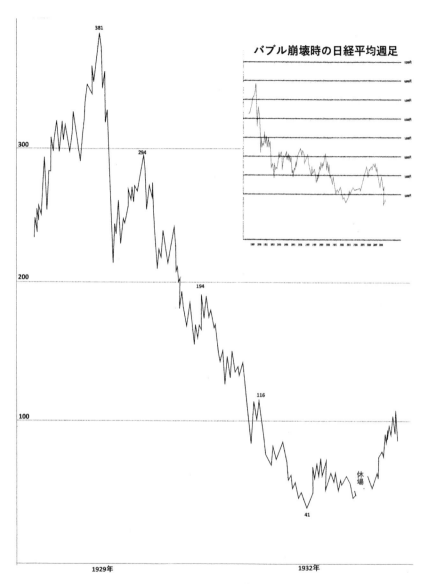

大恐慌時のNYダウ週足

1929年米国大恐慌時のNY市場のチャートと、1989年日本バブル崩壊時のチャートです。70年の時を経て日本と米国で起きた大暴落の形は全く同じではありませんか。

≡ 本間宗久の「坂田五法の罫線分析法」は、株式投資に限らず、為替、金の投資にも大変参考になります

　株式市場、所謂相場、投資手法を研究するには、江戸時代に、米・先物相場で大成功した本間宗久の「坂田五法の罫線分析法」が大変参考になります。

　本間宗久翁秘録、酒田戦術詳解、本間宗久相場三昧伝などには、相場の基本的な手法や考え方が残されています。基本的な投資手法が、坂田罫線法として今でも活用され続けています。

　坂田罫線法は、株式投資に限らず、為替への投資、金への投資などにも応用できます。

≡ 本間宗久の罫線法とチャールズ・ダウのチャート

　本間 宗久（ほんま そうきゅう。むねひさ）、享保9年—享和3年（1724—1803）は、出羽国庄内藩（現在の山形県酒田市）出身の江戸時代の米商人。米沢藩の上杉鷹山を補佐した酒田の豪商・本間光丘は甥。

　「本間さまには及びもないが、せめてなりたや殿様に」という流行り唄がありますが、その「本間さま」とは、本間宗久のことです。

　本間宗久が活躍したころ、堂島（大阪）、蔵前（江戸・東京）の米会所は、先駆的な先物市場でもあり、テクニカル分析が行われ

ていました。それらが、「宗久が考案した酒田罫線法」として伝わっているのだと思います。220年以上も前のものですが、今も多くの投資家に使用されています。

　同じ頃、ダウ平均に名前を残しているチャールズ・ダウも、今も使用されているチャートを開発していました。

　酒田罫線法は、そのダウのチャートと並んで、株式相場や商品先物相場などで、相場の指標を求める手段として、国境を越えてほぼ全世界で活用されています。

株式投資は数年は超強気で大丈夫

☰ 株式投資は大勢強気で大丈夫

　金相場は、1999年に252ドルの大底をつけたあと、約8.5倍の2,000ドル近辺となり、さらにNY金先物市場で2024年2月物が最高値を突破して2,152ドルまで上昇しました。新しい上昇の始まりと思われます。

　金（ゴールド）の値動きが、すべてのモノの値段を先導していることは、以前より述べているとおりです。

　金相場の大底の10年後の2009年に、株式市場は大底を付け、日経平均株価は、現在まだ5倍ほどにしかなっていません。金がさらに上昇を続けていけば、株価は2〜3年程のずれは生じますが、上昇していくとみてよいでしょう。

株式市場が大底の日経平均株価7,000円から金価格並みの8.5倍になれば、日経平均株価は60,000円を超えることになります。

　株式市場は、2009年に7,054円の大底を付け、現在、39,000円を突破したばかりです。

　1998年に日経平均株価は38.915円の新高値をつけましたが、いまやその新高値を軽々と越えているではありませんか。

　株式投資としては、利回りの良い、純資産価格を割っている、業績に不安のない銘柄を、長期に積極的に買っていくというのが、現時点での王道でしょう。

　株式投資は、超強気で大丈夫だと、私は確信しています。

三三 金相場、NY株式相場、原油価格に引きずられるように、日経平均株価も大暴騰を開始しました

　先行指標である金価格が最高値を超えました。続いて、NY市場ダウ平均株価が金価格の上昇を追いかけるように、暴騰を続けています。

　さらにウクライナ戦争が始まってから、世界的にいろいろな歪みが生じてきて、世界各地で紛争が生じてきました。

　これらの紛争の結果、やがては物資の不足、高騰を招くことになります。

　相場的には、先に述べた〝黄金比〟〝相似形〟のあることを思い出して下さい。デフレ相場と真逆の大インフレ相場、それも長期にわたる大上昇相場が始まっているではありませんか。

　金相場、NY株式市場、原油価格に引きずられるように日経平均株価も大暴騰を開始しました。

　まだまだ相場は若く、この絶好のチャンスを上手く掴むべきです。

☰ 世界が大混乱期に入り、富の攻防がますます熾烈に

　1929年にNY証券市場が大暴落してから、2029年で100年になります。米国は新金本位制への復帰などを画策しています。

　中国においても2037年には日中戦争から100年目となり、さまざまな工作が熾烈をきわめています。

　ロシア・ウクライナ戦争、イスラエル・パレスチナ戦争が続いていて、イラン、北朝鮮もきな臭くなってきています。世界中がまさに大混乱期を迎えようとしています。

　本年11月に選出される新アメリカ大統領の演説を注意深く聞き、その真意を読みとき、指示するところに素直に従い、資金を大幅に増やすべきです。

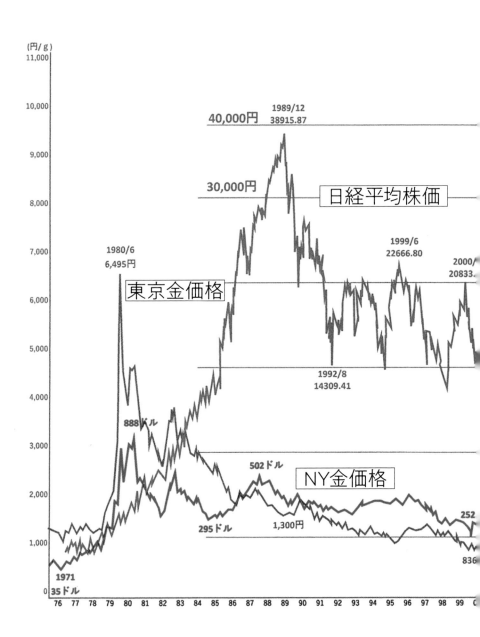

(円/g)

11,000

10,000

9,000

8,000

7,000

6,000

5,000

4,000

3,000

2,000

1,000

0

40,000円

30,000円

1989/12
38915.87

1980/6
6,495円

東京金価格

日経平均株価

1999/6
22666.80

2000/
20833.

888ドル

1992/8
14309.41

502ドル

NY金価格

295ドル

1,300円

252

1971
35ドル

836

76 77 78 79 80 81 82 83 84 85 86 87 88 89 90 91 92 93 94 95 96 97 98 99 0

日経平均株価と金価格の動き

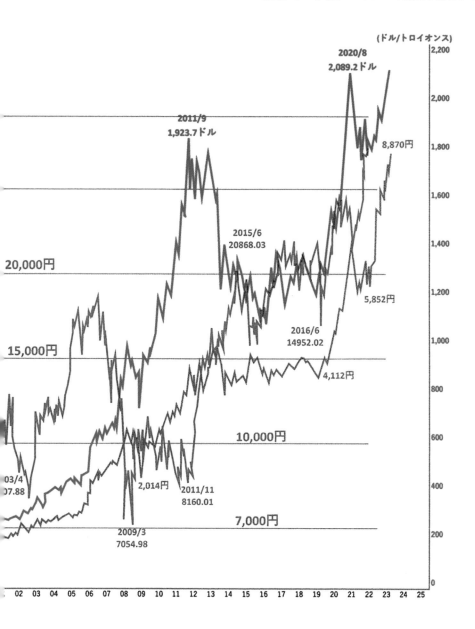

（ドル/トロイオンス）

2020/8
2,089.2ドル

2011/9
1,923.7ドル

8,870円

2015/6
20868.03

20,000円

15,000円

2016/6
14952.02

5,852円

4,112円

10,000円

03/4
07.88

2,014円

2011/11
8160.01

7,000円

2009/3
7054.98

02 03 04 05 06 07 08 09 10 11 12 13 14 15 16 17 18 19 20 21 22 23 24 25

目先は調整局面を迎える

　私は基本的には強気ですが、市場に強気が満ち満ちてきたので、目先調整安局面となり、取り敢えず株式相場は一服すると思います。

　しかし、下落すれば、そこは絶好の買い場となります。ここは資金をたっぷり準備するときです。

　11月には米国大統領選挙もあり、大きな材料を提供してくれるはずです。

有望銘柄をどのようにして見つけるか

アメリカ大統領発言の累積投資で1万円が2億円ほどに

　株式投資は、最もポピュラーな投資ですが、銘柄数が大変多く絞り込むのが大変です。数多くの銘柄に少しづつ投資するという方法もありますが、どうしても投資効率が落ちることになります。

　投資対象としては、「ドル円」「金」「コイン」「土地」など、やりようによってはたいへん有利になるものが、株式のほかにたくさんあります。

　そんななかで、偶然、株式投資で確実に大儲けできる方法を発見しました。

　それは、アメリカ大統領の、とくに所信表明演説が良い情報を提供してくれているということです。その演説から何に投資をすればよいかを読み解くことです。

　うまく読み解くことができれば、資金は何万倍という嘘のような倍率になります。投資をして勝てば、その資金のすべてで、次の投資を行います。いわゆる累積投資を繰り返すと本当にそのような倍率になるのです。

　1971年のニクソン大統領から、現在のバイデン大統領までの50年間に、上記投資法を行ったことによって、2万倍ほどになりました。1万円の投資資金が、計算上なんと2億円ほどにもなったのです。

今年はいよいよアメリカ大統領選挙
去年、おととしあたりから大騒ぎになっています

　今年はいよいよアメリカ大統領の本選挙です。

　本当に選挙が行われるのか。だれが大統領になるのか。去年、おととしあたりから大騒ぎになっています。

　またしても民主党なのか、意外に戦争を起こさない共和党なのか。バイデン大統領が続投するのか、トランプ元大統領が復帰するのか。第二次南北戦争のようになって、大統領選挙が行われなくなるのか。

　とても興味がありますが、どの党のだれが大統領になるかよりも、新大統領が何を言うか、何をするかが、投資家にとっては、

比べ物にならないほど重要です。

≡ 現バイデン大統領は就任演説で
≡ 原油採掘を制限した

　バイデン大統領は就任演説において、環境保護の問題から、アラスカでの原油パイプラインの建設や、原油の採掘の許可を厳しく制限しました。

　原油は日々消費されるので、需要と供給バランスが崩れ、原油が値上がり暴騰していくのは明々白々でした。

　バイデン大統領の発言から、原油高騰を察知して、日本の株式市場で上場されている、INPEXすなわち帝国石油を、2020年に購入していれば、約4倍になっています。これにかかった期間は、わずか3年ほどです。

≡ ロシアのウクライナ侵攻に言及
≡ 三菱重工に投資していれば約3倍

　バイデン大統領は、ロシア軍のウクライナ侵攻を言及しました。2021年頃より、ロシア軍を挑発し、侵攻を予知し、全世界に注意喚起の警鐘を乱打しました。それがまたロシアを挑発することにもなりました。

　戦争となれば、軍需産業が繁忙し、活況を呈するのは、火を見るより明らかです。

　そこで、日本の株式市場に上場されている三菱重工を、もしも2022年に購入していたとすれば、すでに約3倍の株価です。期間はわずか2年ほどです。

　2024年11月、米国大統領選挙があります。

　新大統領の発言に注意して下さい。

　絶好の大チャンスです。

米国歴代大統領の指示を読み解く

ニクソン大統領　1969－1974

　〝金〟を買えと国民に伝えた。

　1オンス35ドルの金が1年後に880ドルと約25倍になった。

レーガン大統領　1981－1989

　〝株式〟を買えと国民に伝えた。

　NYダウ平均株価750ドルが、5年後に2700ドルと約4倍になった。

ブッシュ大統領　2001－2009

　〝原油〟を買えと国民に伝えた。

　1バーレル10ドルの原油が、3年後に80ドルと約8倍になった。

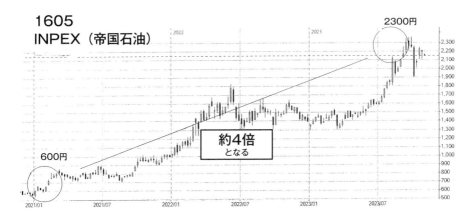

1605
INPEX（帝国石油）

原油、ガス開発生産の国内における最大手です。
このインフレ相場を形成する双璧の会社のひとつです。
純資産倍率、配当利回りなど申し分ありません。

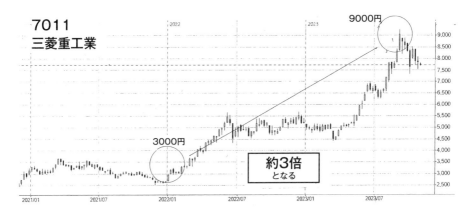

7011
三菱重工業

防衛関連銘柄として最大手です。
トランプ新大統領となれば防衛予算は桁が違ってきます。

オバマ大統領　2009－2017

　〝株式〟を買えと国民に伝えた。

　NYダウ平均株価6500ドルが、7年後に16000ドルと約2、5倍
になった。

トランプ大統領　2017－2021

　〝金〟を買えと国民に伝えた。

　1オンス1000ドルの金が4年後に2000ドルと約2倍になった。

バイデン大統領　2021－

　〝原油〟を買えと国民に伝えている。またハイパーインフレを
起こすと宣言しているではないか。

　（帝国石油）INPEX株は4年で約4倍になっている。

13 ドルへの投資で儲けよ！
買うチャンスを待て！

議事堂10円札は軍事占領国の通貨

　日本の無条件降伏後、連合国占領軍司令部は1米ドル360円の固定相場にせよと指示しました。

　対日経済政策を発動したのです。1949年4月のことです。

　日本の明治政府は、国の威信をかけて、1米ドルを1円にしたことがありました。それが、戦争に負けた結果、わずか80年ほどで、日本のお金である〝円〟の値打ちが360分の1にされてしまったわけです。

　この突然の、実質的には「変更命令」により、日本国民が塗炭の苦しみを味わったのは、言うまでもありません。

　再度、議事堂10円札をご覧ください。じつはこれは米軍の軍票でしかないのです。〝円（えん）〟と呼称されていますが、通常の日本の通貨ではありません。日本を軍事占領した国が持ち込んできた通貨なのです。

　私はこの通貨を手にとって、じっくり眺めながら、日本はやがて自国通貨である〝円〟本来の価値を取り戻す日がくるに違いない。必ずそのようになると信じていました。

≡ ニクソン・ショックにより、
≡ 円が自由に動けるようになった

　米国は、その後、朝鮮戦争やベトナム戦争などで多額の戦費を使い続け、国家財政が疲弊し、ニクソン大統領が、ドルと金の交換を停止すると、突然、発表しました。

　これが、ニクソン・ショックです。1971年8月のことです。

　それまでは、いわゆる「ブレトンウッズ体制」で、1トロイオンス（約31グラム）の金を、35ドルの固定したレートで交換していました。それが、ドルと金の交換停止により崩れてしまい、米国は固定相場制から変動相場制に移行しました。

　続いて日本の円相場も、1973年より変動相場制に移行することになりました。

　そうして、〝円〟が自由に動くことができるようになったのです。

≡ 日本がまだ固定相場制であったときに、
≡ 円相場の研究をはじめた

　日本はやがて〝円〟本来の価値を取り戻す日がくるに違いないと確信していた私は、円相場の研究をはじめました。

　それは1971年頃です。まだ日本は固定相場制であり、誰も円相場の研究をしていなかったように思います。

1米ドル1円であったのが、無理やり1米ドル360円にさせられた。しかし、ずうっと1米ドル360円が続くなどということはないはずだ。

円の妥当な対米ドル相場は、いくらだろうか。

円が対米ドル相場の天井をつけるのは、いつだろうか。

円の対米ドル相場のピーク、天井は、いくらだろうか。

優れた先人、本間宗久翁、石井久社長、髙橋亀吉博士

困難で難解な問題を解くには、優れた先人に聞くのが一番です。

まずは江戸時代の米相場の大相場師である本間宗久です。坂田罫線分析法、本間宗久翁秘録など、たくさんの著書が残されているので勉強するのに困難はありませんでした。

桐一葉、落ちて天下の秋を知る

これは淮南子（えなんじ）説山訓を引いて、スターリン大暴落を見事的中させた石井久・立花証券実質創業者の名言です。

その天下無二の相場師・石井久氏の書物も貪るように読みました。

石井久氏は、髙橋亀吉博士に私淑しておられたので、私も一生懸命に『大正昭和財界変動史』を読みました。髙橋亀吉博士の『大正昭和財界変動史』は、上中下全3巻で、厚さが15㎝以上もあっout てたいへんでした。

さすがに全部読破したとは言えませんが、自分ながらに納得し

たところの多い座右の書となりました。

27年周期、77年周期

　これらの方々の書物から学んだことは、すべてのことにリズム
があるということです。

　江戸時代の経済の変動を見ると、27年周期であることがわかり
ます。

　さらに「経済の大変動」と「経政治体制の変革」には77年の周
期があることが判然としてきました。

　例えば、明治政府が１米ドルを１円と決め、金貨を発行したのは
1871年です。占領軍GHQが１米ドルを360円にせよと命じたのは
1949年です。年数では78年になりますが、実質的には77年に近
かったのではないでしょうか。

　明治時代が始まった明治元年は、1868年です。その明治日本
が、大正、昭和と引き継がれ、連合国に敗れて「経済の大変動」
「経政治体制の変革」となったのは1945年です。

　ちょうど77年後です。

小判の改鋳と改革の不思議な周期

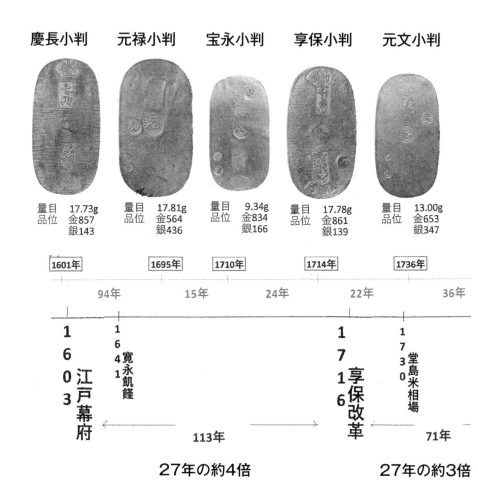

	慶長小判	元禄小判	宝永小判	享保小判	元文小判
量目	17.73g	17.81g	9.34g	17.78g	13.00g
品位 金	857	564	834	861	653
銀	143	436	166	139	347

「改革」の間隔は、明らかに27年を周期としています。
また小判の改鋳は乱雑に見えますが、やはり27年を基本としています。

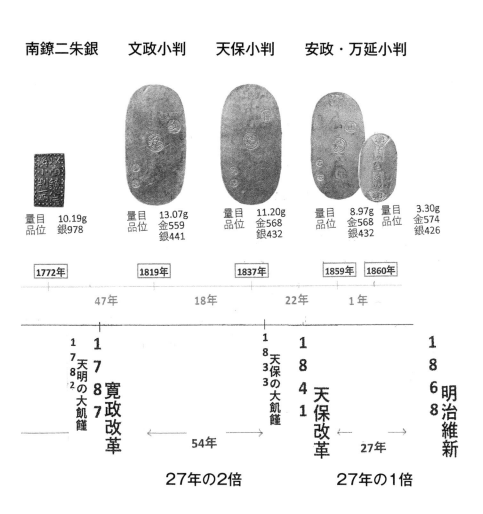

南鐐二朱銀　　文政小判　　天保小判　　安政・万延小判

量目　10.19g
品位　銀978

量目　13.07g
品位　金559
　　　銀441

量目　11.20g
品位　金568
　　　銀432

量目　8.97g
品位　金568
　　　銀432

量目　3.30g
品位　金574
　　　銀426

1772年　　　1819年　　　1837年　　　1859年　1860年

47年　　　　18年　　　　22年　　1年

1782 天明の大飢饉

1787 寛政改革

1833 天保の大飢饉

1841 天保改革

1868 明治維新

54年

27年の2倍

27年

27年の1倍

江戸幕府は、財政の事情にあわせて小判の改鋳を繰り返したのですが、そこには規則正しい周期があったのです。

円ドル相場の日柄、値ごろ

円が対米ドル相場で天井をつけるのは、いつだろうか……日柄の問題。

円の対米ドル相場での天井は、いくらだろうか…………値ごろの問題。

ここに戻ります。

縷々述べたように、日柄の一番簡単な計算方法は、経済変動の27年周期をもちいて、ごく単純に27を足せばよいのです。

ニクソン・ショックがあったのは1971年なので、27を足すと1998になり、1998年がターゲットになります。

値ごろは、チャートを分析することにより、75円になりました（この値ごろについては、若林英四先生が詳しく述べておられます）。

「ドル／円相場への投資」買い場は近い！

ドル円相場　30年の動き

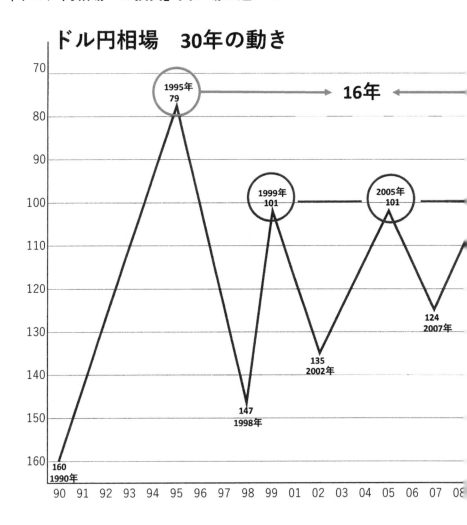

ドル／円相場で難しいのは、円相場が持つ独特の"しがらみ"です。75円がらみは、16年かけて2回。100円がらみは、21年かけて4回つけています。このことは、短期での予測は不可能であることを示しています。現時点でどのようにするかということに引き寄せると、「待つ」しかないということです。

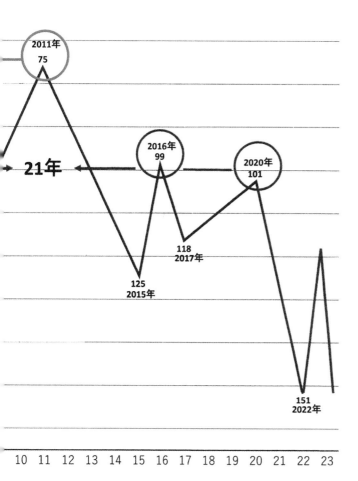

ドル円相場は、独特のしがらみを持ち、投資家を弄ぶように動きます。その動きは人智を越えています。しかし、この動きの核心を解明できれば、巨万の富を手にすることができます。

ドル円相場79円75銭を見送ってから16年
ターゲットとした1971年から40年、私は待った

　ドル円相場の高値を待つ途中である24年後の1995年4月に、ドル円相場が79円75銭をつけました。

　日柄、値ごろともに、狙っていたターゲットにたいへん近く、心が震えました。

　しかし、数値が微妙に違います。日柄、値ごろともに微妙に違うのです。

　どうも怪しい。

　それに、この日柄、値ごろの数値は、本間宗久翁、石井久社長、髙橋亀吉博士の相場観とは異なります。

　今次の大戦で膨大な犠牲者を出し、日本の国土は瓦礫と化した。そのことが強く脳裏に浮かびました。

　やはり数値が甘いと感じました。

　見送るという、私にとっての大決断をしました。かたくなにドル円相場75円を待つことにしたのです。

　ドル円相場が75円をつけたのは、2011年10月でした。

　79円75銭を見送ってから、16年経っていました。

　1ドル75円をターゲットとした1971年からは、40年経っていました。

　戦後に東京証券取引所が再開したのは1949年です。日経平均株価が38915円87銭の大天井をつけたのも1989年です。

　東京証券取引所再開の40年後に、日経平均株価が大天井をつけたのです。

　金と米ドルの交換停止を突然宣言したニクソン・ショックは、1971年です。
　円高の最高峰75円をつけたのは2011年でした。
　こちらも40年の日柄です。

☰ ドル円相場は、360円を目指す

　現在、ドル円相場は、2023年に151円91銭をつけたあと揉みあっています。
　私はいま1ドルも持っていません。全部売却しました。
　相場の習性で、反動、揺り戻しが、必ずくると思っています。
　直近の最後の買い場は、1米ドル120円がらみだと予測しています。

　もう一度、議事堂10円札をご覧ください。
　現在の日本のお札は、議事堂10円札と比べると格段に立派ではありますが、「米国の軍票」のようなものであることに変わりはありません。所詮「米国の軍票」と捉えておいたほうが、投資で大きな間違いをすることはないでしょう。
　日本には、いまも米軍の基地があり、米軍が駐在しています。

日本の領土内に外国の基地があり、外国の軍隊がいるのです。

その「外国の軍隊」が撤退したとき、日本は真に独立国となるという見方があります。日本がようやく独立できることは、喜ばしことではありますが、そのとき今の日本円も新しい日本円も、最後の最後には紙屑になってしまうのではないでしょうか。

つまり、ドル円相場は、とりあえずは、360円を目指すものと思います。

絶対に襲ってくる眞子さま円安

現在の皇室の詳しい状況は存じ上げないのですが、皇室が衰退しているような印象を持つ国民が増えているのではないでしょうか。

皇室の衰退は、日本の衰退に直結するのではないでしょうか。さらに皇室の崩壊は、日本の崩壊を意味します。

国力を示す円相場は、間違いなく360円に向かって売られることになります。

そうして、ついには日本という国がなくなることも……。

まことに残念の極みですが、現役投資家としては、円を売ってドルを買うべき状況に、いずれなると思っています。

現在、私は1ドルも持っていません。

ドル円相場130円絡みの到来を待っています。

さらにドル円相場120円絡み、近いのではないでしょうか。

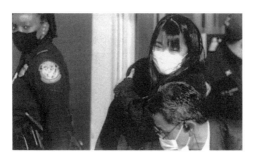

ニューヨークに着かれた小室眞子様
女性警察官の目を御覧下さい

FX（外国為替証拠金取引）とは

為替レートがいい方向に変動すると「為替差益」を得られます

　FXはForeign Exchange（外国為替）の略です。ある国の通貨（お金）を別の国の通貨に交換することです。

　FXは、取引額の一部に相当する証拠金を預けるだけで「外国為替」の取引を行えます。少額で大きな金額の取引ができ、そのことを「レバレッジ効果」と呼んでいます。

　FXは、金融商品取引法に守られた金融商品です。金融庁による審査を通過し、登録を受けた業者でなければ、FXサービスを提供することはできないことになっています。

　A国の通貨をB国の通貨に両替したあと、為替レートがいい方向に変動し、B国の通貨をA国の通貨に両替すると、利益が

出ます。それが「為替差益」です。

　たとえば1ドル＝100円の為替レートで、10万円を1,000ドルに交換しました。

　その後に、1ドル＝110円に、為替相場が変動しました。米ドルに対して日本円の価値が10円下がった（円安が進んだ）わけです。

　そのタイミングで日本円に戻せば、1,000ドルで11万円を受け取ることができます（別途手数料がかかります）。為替レートがドル高・円安に動いたことにより、1万円の「為替差益」が発生したわけです。

　FXでは、必ず2カ国の通貨をセットにして取引します。「米ドルと日本円」や「ユーロと日本円」などです。この2カ国の通貨の組合せを「通貨ペア」と呼びます。

FXで得られる利益は2種類

　FXで得られる利益は、2種類あります。

　一つは「為替差益」です。これは「キャピタルゲイン」とも呼ばれています。

　もう一つは「スワップ収益」です。これは「インカムゲイン」とも呼ばれています。スワップ収益は、低金利の国の通貨を売り、高金利の国の通貨を買うことで得られます。

　たとえばA国（金利10％）とB国（金利1％）の2国の通貨ペアがあるとします。低金利のB国の通貨を売ってA国の通貨を買うと、それだけで2国間の金利差（この場合9％）が収益になります。

　高金利通貨を保有しているだけで、日々スワップ収益が発生します。

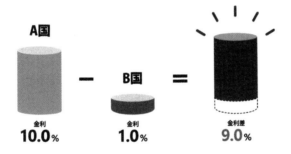

FXは、少額で大きな金額の取引ができます

　FXは「レバレッジ」という仕組みにより、少額で大きな金額の取引ができます。レバレッジはFXの最大の魅力です。

　たとえば、1ドル＝100円のときに1,000ドルを買おうとすると、本来は10万円が必要です。しかしFX取引では25分の1の金額から取引が可能です。つまり、1000ドルを買うのに4,000円で取引ができるというわけです。

14　金への投資で儲けよ！
　金鉱山株（NEM）が、大底に接近中

慶長小判は、もはや美術品

　写真は、江戸時代に鋳造された慶長小判です。なんと奇麗で品位のある通貨でしょうか。もう美術品です。

　私たちは、この金を求めて、日々学び、研究し、働いているのです。

　幸福の条件は、健康、愛情、お金です。健康にも、愛情にも、お金にも無知で、これらを粗末にすれば、必ず報いがきて、諸条件を満たすことができなくなり、幸せとは言えなくなってきます。

　経済の一番の要である金について、さらに勉強、研究されることをお勧めします。

慶長小判

鋳造期間（1601〜1695）
品位　金857／銀143
量目　17.73g

「金」の甲骨文字には「貴重」という意味が
含まれています。

　漢字が生まれたのは、3300年前、殷王朝の王である武丁のころ

120

と言われています。殷王朝の都の地で殷王の墓室が発見され、その付近から亀甲と獣骨が発見されました。

亀甲にはトいに関する文字（甲骨文字）が刻まれていて、その甲骨文字が中国における最古の文字とされています。

甲骨文字が知られるようになったのは、意外に遅く1899年です。

殷王の墓からは、銘文が鋳込まれた器も発見されました。青銅器の文字は、金文（きんぶん）と呼ばれています。

青銅器に鋳込まれた文字が、なぜ金文と呼ばれたのでしょうか。青銅器に鋳込まれたわけですから、金の文字ではありません。後から金をかぶせたものでもなさそうです。

「金」は大変に貴重なもの、殷王の青銅器の銘文も、たいへん大事な意味をもっている。だから「金文」と呼んだのでしょう。金はそのころから大切なものだったのです。

「金」は私たち人類のすべてのもとではありませんか。金自体ではなく、私たちを取り巻くすべてのものに関係してくるという意味です。戦争も、経済の変動も、現在起きている食糧品の値上がりも、すべて金の変動から起きているのです。

金利をはるかに上回る値動き

私が、金への投資を勧めると、「金には金利がつかないから嫌だ」との答えが、必ず返ってきます。

残念で仕方ありません。

じつは金価格の上げ幅は物凄く、次のようになっています。

1971年から10年足らず………約26倍

1999年から10年あまり………約8倍

以降、長らく高値で揉み合っていた金価格も、先般ついに最高値を突破してきたのです。

ここに由々しき相場つきとなってきているのです。

35ドルから888ドルまで約26倍の暴騰

アメリカは、第二次大戦後、世界でNO1の国家となり、あらゆる分野において世界の中心にもなり、米国経済、米国政治外交、米国軍事の動きは、私たちはもちろん、世界中の国々の日々の株価、人々の生活に、決定的な影響を及ぼしています。

そのことを念頭に、近年のアメリカの歩みを振り返りましょう。

1950年に朝鮮戦争が起こり、相次いでベトナム戦争なども起こり、さすがの米国経済も疲弊し、1944年からのブレトンウッズ体制を維持できなくなったのです。

そこで、1971年に27年続いたブレトンウッズ体制を破壊する米ドル札と金との交換を停止しました。これが、1971年8月15日のニクソンショックです。

以降、変動相場制となり通貨、金が自由に取引されるようになりました。

この変動相場制への移行より、金価格は上昇して、1980年のニューヨーク市場で、888ドルの大天井を付けたのです。

金が、35ドルから888ドルまで、約26倍、値上がりしたのです。

1980年、金が888ドルに暴騰

1980年ニューヨーク市場での金の暴騰888ドルは、無理矢理固定化されていた金価格が、インフレも加味され、本来の価値を取り戻そうとした結果です。

ニューヨーク市場での金価格888ドルの暴騰を、1980年に確認した私は、直ちに次に来るであろう買い場、つまり大底を探す作業に取りかかりました。

金価格の大底を探す作業は、1971年のニクソン・ショック時に、ドル円相場の計算と予測を行ったときの方法と同じです。

ドル円為替相場で詳述したように、江戸時代の大相場師・本間宗久、現代の大相場師・石井久の理論、髙橋亀吉博士の経済学、相場観に従い、金価格が大底をつけるのはいつか、金価格の大底はいくらかを計算し、予測をしたのです。

その結果、次のようになりました。

日柄………2007年

値ごろ……250ドル

金への投資

NY金相場は、高値で2大揉み合いを続けています。
最高値をついに抜いたのです。

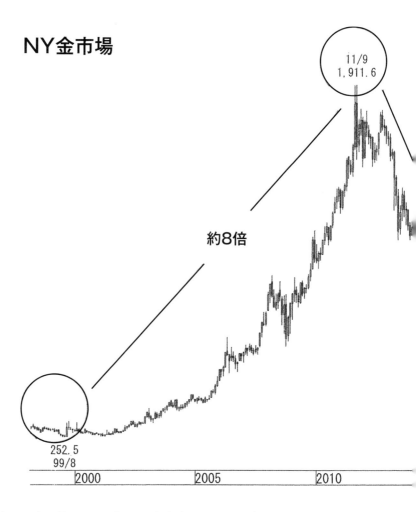

NY金市場

11/9
1,911.6

約8倍

252.5
99/8

2000   2005   2010

金相場は1999年8月に、252ドルの大底をつけ、2011年11月にかけて約8
倍と大幅な値上がりをした。

約2倍

22/3 23/5
2,072 2072.0

1,615.1
22/11

1,046.2
15/12

2,000.0

1,500.0

1,000.0

500.0

2015   2020   2025

半値押しの1,046ドルを経て、現在最高値2,072ドルを突破した。
相場的には、金相場本体への投資は、難しい局面である。

その後金価格は、1980年より鋸（のこぎり）の歯のように上下を繰り返し、19年後の1999年に252ドルの大底値に到達しました。

〝日柄〟は予測より8年早かったのですが、〝値ごろ〟はピタリと一致しました。

同年11月ドル円相場が急騰し、金相場と為替相場の天底一致（天井と大底のタイミングが一致）が起きました。

ドル円相場、金相場、株式相場の天井と大底が一致する現象は、この50数年のあいだに数多く現出しています。

このときの「金相場252ドル、ドル円相場101円」も、明らかに天底一致で、私が買い出動したのは、言うまでもありません。

≡ 2023年12月に2150ドルを突破
≡ 新しい相場に入った

金価格が、1980年に大天井をつけ、19年後の1999年に大底をつけました。わずか19年で、大天井から大底にまで大変化したわけです。このことは、私にとって幸運だったと思っています。

1999年8月に250ドル80セントであった金相場は、12年後の2011年9月に1911ドル60セントをつけました。12年で約8倍になったわけです。

その後、相場の定石どおり、半値押しを経て、2000ドル近辺で数年のあいだ値固めを繰り返していましたが、2023年12月に2150ドルを突破しました。

新しい相場に入ったようです。

逆ニクソン・ショック断行時
個人の金保有禁止の危険性

　現状ではホルムズ海峡の封鎖、ウクライナ戦争に続くイスラエル戦争の激化などの混乱に鑑みて、原油をはじめとして資源が高騰することは明らかです。

　米国FRBの政策は、結局うまくいかず、世界中の経済が大混乱となるでしょう。

　そうなったとき、米国政府は、突然、複合金本位制を宣言するはずです。直ちに世界は、逆ニクソン・ショックとなります。

　逆ニクソン・ショックすなわち複合金本位制は、即日断行されるでしょう。

　あと数年後、2030年あたりに起きると、私は確信しております。

　そのとき、金価格はおそらく5倍から10倍あたりで固定されるでしょう。途方もない金額になるわけです。

　それに、金の保有そのものが禁止されるかもしれません。個人の金保有の禁止です。

ルーズベルト米大統領は、
1933年に米国民の金保有を禁じた

　個人で金を保有することが禁止される。そんなことなど起きる

はずがない。そう思われるかもしれませんが、実際に金保有の禁止は、すでに行われました。

これが行われた国は米国であり、行ったのはルーズベルト大統領です。1933年に大統領令6102号で、米国民の金保有を禁じ、米国が20.67ドルで強制的に金を買い取ったのです。

これに違反した者は、罰金もしくは禁固刑に処せられました。ただし、一般国民については、100ドル相当の金の保有と収集用の金貨の保有は許されました。

この大統領令は、40年間も実施され続け、世界経済は大混乱となりました。

米国に移民に来た人々や逃げ込んできた人々が保有する金を没収する、という目的もあったようです。

米国の命令で、今後日本人であっても、金の個人保有を禁止されるかもしれません。いかに金が高騰しても、金の保有禁止にあったり、金を安価で買い取られたりする危険性があります。

今日現在、いかに金が高騰しようとも、〝金〟を保有することは、たいへん危険だと感じます。

金鉱山株であるニューモント株が大底値に向かってる

では、金の高騰を享受できるものがほかにないかと探した結果、金鉱山株がありました。金鉱山株の最大手ニューモントコーポレーション株が安値に来ています。

　過去60年のチャートを見ると、規則正しく天井、底値を形成していることが分かります。

　金価格が上昇して、経営が安定すれば、近い将来、天井に向かって上昇するものと思われます。

　さらにニューモントコーポレーション株への投資は、安全な投資であると思います。

　次頁の過去のチャートをご覧ください。

　間違いなく大底値に向かっています。

　買い場が近づいています。

　ドル円相場150円のとき、NEM株価は30ドルでした。そこでNEMを1株購入すると4500円です。

　NEM株が大底圏から80ドルにまで上昇し、そのときドル円相場が200円だと、NEM株は日本円で1万6000円です。約3、5倍になるわけです。

NEM　ニューモント　コーポレーション　60年の動き

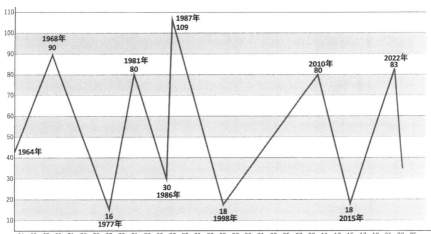

過去60年間のニューモントのチャートをご覧下さい。規則正しく天井と底値を形成していりうのが分かります。米国の新ドル、金本位制政策の動きを探知してか、中国、インド、ロシアなどの中央銀行が金を買い漁っている状況です。

金価格の高騰が予測されます。自滅する日本は政治、経済の衰退から、円相場は、近く200円、300円を目指すでしょう。

NEM　株価とドル／円相場

ドル／円 NEM	130	150	180	200
30	3,900	4,500	5,400	6,000
40	5,200	6,000	7,200	8,000
50	6,500	7,500	9,000	10,000
80	10,400	12,000	14,400	16,000

NEM ／円相場の表を御覧下さい。間もなく絶好の買い場到来です。

15　コインへの投資で儲けよ！
　　財務省金貨を買う絶好のチャンス！

日本における最初の貨幣は、
和銅元年（708年）の和同開珎

　日本における貨幣の発行は、和銅元年（708年）の和同開珎より始まります。以来、日本の貨幣発行の歴史は長く、貨幣の分類な

ども行われ、研究文献もたくさん残されています。

　左の図は和同開珎の銀銭です。

　書体の希少のものは大変に少なく、状態の良いものであれば数百万円以上の評価を受けることもあります。

東京オリンピック1000円銀貨が
コイン収集、投資の大きなきっかけに

　古銭、コインへの投資の歴史はまだ浅く、一番のきっかけは、昭和39年の東京オリンピック大会を記念して発行された1000円銀貨でした。この東京オリンピック1000円銀貨が、コイン収集や投資への大きなきっかけとなりました。

品位　銀925
直径35mm　重量20g

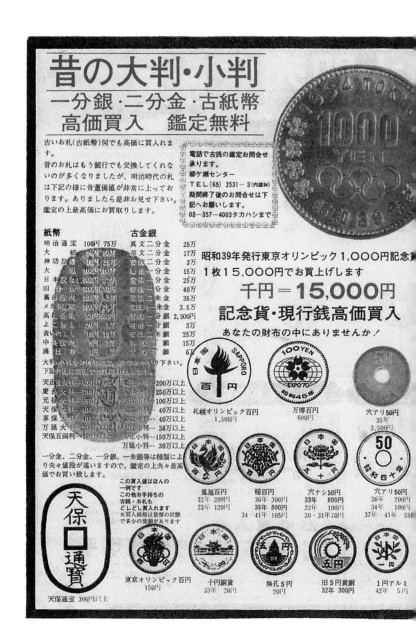

昭和40年頃の第一次、第二次コインブーム時のコイン買入れ広告です。
昭和35年発行の50円硬貨が5000円以上まで高騰していて、なお、取り

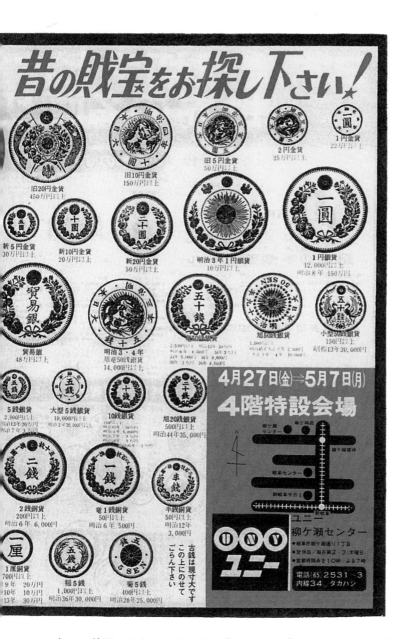

合いの状況でした。いかにもの凄いコインブームであったか、記載されている
コインの買入れ価格を御覧下さい。

銀貨を手にとってみて、その大きさや重量に驚き、感動したものでした。ここにコインの一大ブームが起こりました。

第一次コインブームでは、まずは現行貨幣の収集が流行しました。

戦後に発行された貨幣を、年号ごとに集めていき、完収するというものです。

発行枚数が少ない貨幣は、値段が上がることになります。発行枚数が600万枚の昭和35年の50円硬貨が5000円を超えました。

上記の東京オリンピック1000円銀貨は、マニア間で3万円を突破して取引されました。

現在世界はコインブーム真っ最中
日本は第4次コインブーム前夜

第1次コインブームは、6年ほど続きました。コインへの投資で得た利益で、自宅を新築された方や宝石店を開かれた方もおられます。

第1次コインブームは、コインの売買に消費税がかかるなどのことから、鎮静化することとなりました。

その後、金価格の暴騰やハント兄弟（米国人のネルソン・バンカー・ハント、ウィリアム・ハーバート・ハント）による銀の買い占めによる暴騰に反応して　第2次コインブーム、第3次コインブームが起こりました。

　日本経済が、バブル崩壊などにより、不安定になるなか、財務省が近代金貨を売却すると発表しました。近代金貨とは、戦時中に接収し保有していた金貨幣です。

　数量や状態などの内容が全く分からず、金貨類が大量に市中に出回るとだぶつくことになり、価格が大幅に下落しかねません。コイン業界はもちろん収集家のなかにも懸念を表明する声が多く、長らく鎮静状態が続きました。

　そんななかで金価格が上昇し始めました。1999年8月に、252ドルの大底にあった金価格が、突如、上昇し始めたのです。

　金価格が上昇すると、世界中の物価が上昇することは先述しました。そのことは、世界中の人々が経験則で知っています。当然ながら、絵画、コイン、骨董品などを買い始めたのです。

　現在、世界中でコインの大ブームが起きはじめていると断言できるほど、コインへの投資が盛んになりつつあります。

　日本では、時計、ウイスキー、カードなども投資の対象とされ、大きなマーケットを形成しています。

　コインは毎月のように催事やオークションが開催され、注目を集めています。

　またつい先頃の中国コインの大暴騰には、その物凄さに驚かされました。

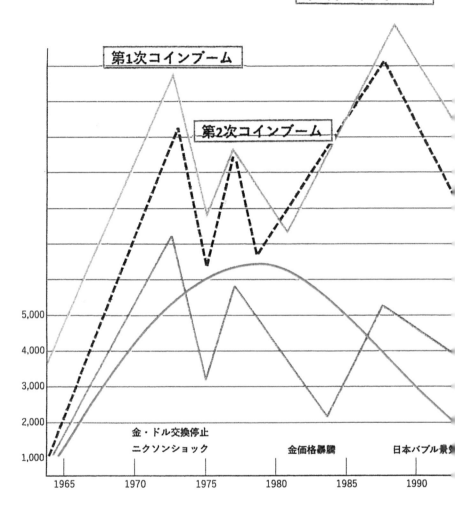

金相場とコイン　60年の推移

第1次コインブーム

第2次コインブーム

第3次コインブーム

金・ドル交換停止
ニクソンショック

金価格暴騰

日本バブル景気

5,000
4,000
3,000
2,000
1,000

1965　1970　1975　1980　1985　1990

第一次オリンピック1000円銀貨の発行をきっかけとして、過去60年間に3
回のコインの大ブームが訪れました。
今回は、金価格の暴騰を引き金として息の長いコイン投資への大ブームと
なるでしょう。

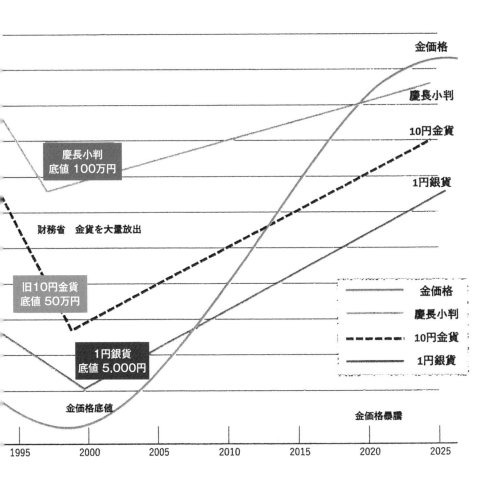

第4次コインブーム

金価格

慶長小判

10円金貨

1円銀貨

慶長小判
底値 100万円

財務省　金貨を大量放出

旧10円金貨
底値 50万円

1円銀貨
底値 5,000円

金価格底値

金価格暴騰

金価格
慶長小判
10円金貨
1円銀貨

1995　2000　2005　2010　2015　2020　2025

スラブコインが、コイン投資の数多くの障壁を取り除いた

　第三次コインブームのピークに向かう1986年と1987年に相次いでコインの鑑定会社が設立されました。

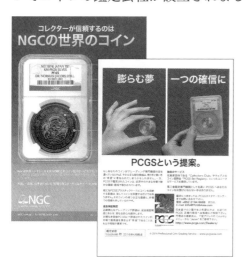

　PCGS社、1986年

　NGC社、1987年

　世界共通の鑑定基準をもとに公正なグレーディング、真偽をコインに付与しています。

　コインが本物であることを保証し、状態を数値化して示しています。

　古銭、コイン投資には、これまで多くの障壁がありました。

真偽鑑定………一般の収集家、投資家には、真偽見分けが難しい
状態の判別……見る人によって状態の判定に大きな差が出る
値段の確認……多くの要素が含まれ難しい

　これらは、専門家にしかわからないこととされ、投資家の参入を妨げてきました。

　そこで、売り手でも買い手でもない専門家が、真偽を鑑定し、

品質のグレードを数値化して保証し、コインの損傷、劣化を防ぐために硬くて大きなスラブ（slab。厚い板）に封入しました。それがスラブコインです。

　古銭、コインの投資家にとってスラブコインは、まさに「世紀の大発明」となりました。コインがスラブに封入されたことで本物であることが分かり、ケースに表示さている数値によって状態の程度がはっきりとし、過去の取引履歴を調べることもできます。

　スラブコイン登場により、コインへの投資のほとんど障壁がなくなったのです。そのため、欧米や中国においては、いまやスラブコインが投資の主流になっています。日本では、まだスラブコインが主流になってはいませんが、いずれ主流になるでしょう。

現在のオリンピック1000円銀貨には 1000倍の値がつくものも

　左の写真は、完全未使用のオリンピック1000円銀貨です。スラブに封入されていて、PCGSMS67PLと記載されています。

　このプルーフ銀貨は、第一次コインブームのときには、高値で3万円をつけていました。現在は、状態のいいものだと100万円の声がかかります。状態については、スラブに記された数値で分かります。

　日本には、大判、小判など、歴史的にも価値の高い希少な古銭、

コインが、数多く存在しているのですが、まだまだ安値に放置されています。

　最近のオークションには、若い女性が参加するようになってきました。コインに投資する絶好のチャンスだと確信しています。

天正大判金

鋳造期間　天正年間〜慶長14年

品位　金730　その他270

量目約165g

財務省金貨は、安全で中短期の値上がりが見込める

　平成17年、戦前にわが国で発行された金貨が、財務省から放出されました。このいわゆる財務省金貨は、スラブに封入されています。

　投資として狙うことができるコインは、実は沢山あります。沢山ありすぎて迷っていたのですが、中短期に確実に値上がりする

ものとして、お薦めできるのは、この財務省金貨だと思い定めました。

　財務省金貨は、いま絶好のねらい目だと思います。

　明治期以降に、日本政府が発行した金貨を、日本政府がスラブに封入し、状態を明記して発売したものなので、これほど安全なコインはありません。

　発売枚数も発売価格も判然としています。

財務省金貨の指標となる旧10円金貨は現在約100万円程に回復

　財務省金貨の指標となるのは、明治4年に発行された旧10円金貨です。

　この旧10円金貨は、昭和50年頃に、最高値300万円ほどの高値を付けました。

　その後、調整期に入り、「高値100万円、安値50万円」を3回繰り返しました。

　現在は、100万円程に回復してきています。

　旧10円金貨の状態の良いものは、なかなか見つかりません。

　財務省金貨も、放出されたばかりのころは、一般のいわゆる「裸」の金貨より値段が高かったので、そのせいか、人気薄で、取引もあまり活発ではありませんでした。

　それがスラブ入りの金貨が高騰を始め、ようやくその価値が評価されることになってきたのです。

政府、財務省が保証しているという安全性とともに、発行数が少ないということもあるようです。

美品Ａ表示の中に完全未使用クラスも

　私は、美品Ａ以上の状態表示のものを、選んで買い始めています。

　じつは、美品Ａ表示の中に、完全未使用クラスの金貨が紛れ込んでいます。

　そのことも含めて、いま、絶好のチャンスです。

　私は、数年のうちに３倍ないしは５倍を狙っています。

財務省放出金貨

旧10円金貨　明治4年発行
直径　29.42mm
品位　金900／銅100
量目　16.66g

財務省が保有していた、明治、大正、昭和期にかつての日本
政府が発行した金貨類を硬いプラスチックケースに封入して、
金貨の種類、年号、状態が表示された、所謂「財務省金貨」
を平成17年10月よりオークション形式で売却を始めました。

この「財務省金貨」ほど、コイン投資に最適なものはありま
せん。ケースに封入されていることで本物として保証され、状
態がはっきりと明示されています。

この信頼性により、取り引き高も常に多いのは、換金性が非
常に高いからです。特に旧10円金貨は値動きの指標とされて
います。

過去のコインブーム時300万程でしたが今日現在は1/3程の安
値に放置されています。

「日本貨幣カタログ」の巻末に財務省保有枚数、状態、落札
価格などが記載されています。

次はこうなる05

株式、ドル、金、コインで効率よく儲けよ！

２０２４年３月２６日　初版第1刷発行

著　者　　渡邉秀雄

発行所　　ＩＣＩ．アイシーアイ出版

　　　　　東京都豊島区千早３−３４−５

　　　　　TEL ＆FAX ０３−３９７２−８８８４

発売所　　星雲社（共同出版社・流通責任出版社）

　　　　　郵便番号１１２−０００５　東京都文京区水道１丁目３−３０

　　　　　TEL ０３−３８６８−３２７５　FAX ０３−３８６８−６５８８

印　刷
製本所　　モリモト印刷

@Hideo Watanabe

ISBN ９７８−４−４３４−３３５６０−０

次はこうなる

2021年12月 創刊

相場研究家　**市岡繁男**

数々の大波乱を言い当ててきた相場研究家が、
大波乱の時代を生き抜く知恵を語る！！

発行：ICI. アイシーアイ出版　発売：星雲社
定価：1,760円（本体1,600円＋税10%）

好評既刊！

次はこうなる

2023年

2023年1月刊行

相場研究家　**市岡繁男**

激動する2023年前半の欧州、ロシア、中国、
そして米国の情勢を踏まえて、「次はこうなる」を語り、描く！

発行：ICI. アイシーアイ出版　発売：星雲社
定価：1,760円（本体1,600円＋税10%）

次はこうなる

特別編

2023年7月刊行

現役投資家　齢80　**渡邉秀雄**　　相場研究家　**市岡繁男**

8倍になった金価格は、"モノ"の値段が高騰する前提条件
ドル基軸通貨が崩れはじめたいま
投資家にとってのビッグチャンス！

発行：ICI. アイシーアイ出版　発売：星雲社
定価：1,540円（本体1,400円＋税10％）

次はこうなる05 （本誌）

株式、ドル、金、コインで効率よく儲けよ！

2024年3月刊行

現役投資家　投資歴67年　齢81　**渡邉秀雄**

＼　金（ゴールド）は、／

バイデン大統領演説で帝国石油に投資し 約**4**倍	昭和43年に貿易銀に投資し約5年で 約**16**倍	1971年から10年足らずで 約**26**倍
ウクライナ侵攻で三菱重工に投資し 約**3**倍	昭和43年に分金に投資し約5年で 約**9**倍	1999年から10年あまりで 約**8**倍

発行：ICI. アイシーアイ出版　発売：星雲社
定価：1,540円（本体1,400円＋税10％）

次はこうなる06

2024年8月刊行 予定

現在の株式相場、これからの株式相場（仮題）

相場研究家 **市岡繁男**

M2戦記 **小説Qの革命 マドンナの暗号**

デジタル・ソルジャー爆誕編

ネットから飛び出した **山城風林**

発行：ICI. アイシーアイ出版　発売：星雲社
定価：1,540円（本体1,400円＋税10%）

次はこうなる07

2025年2月刊行 予定

米ドルとコインで儲けよう（仮題）

いつも発売日がズレてしまい
申しわけございません

現役82歳　投資歴68年 **渡邉秀雄**

発行：ICI. アイシーアイ出版　発売：星雲社
定価：1,540円（本体1,400円＋税10%）